データはウソをつく

科学的な社会調査の方法

谷岡一郎 Tanioka Ichiro

JN275753

★──ちくまプリマー新書

059

漫画　いしいひさいち

目次 * Contents

はじめに

「戦後の少年非行の増加は、ハンバーガーの消費量および体格とともに増加している。従って……」一九八〇年代後半の犯罪社会学会で発表を聞いていた私は、図Aのようなグラフを見せられて少々驚《おどろ》いておりました（ただし、目盛りやカーブは厳密ではありません）。

初めて参加した学会だったこともあって、手を上げて質問するかどうか迷っていたら、なめ前方にいた神戸《こうべ》大学のM教授が手を上げ、こう尋《たず》ねました。「それって単なる偶然《ぐうぜん》というか……、見せかけの相関ではないですか」と。同じ趣旨《しゅし》の質問をしようとしていた私も手を上げ、さらに追《お》い討《う》ちをかけたのですが、それはのちほど述べるとして、まず図Aを見て各自考えていただきたい。この発表のどこに疑問があるのかを。まだわからなくてもOK。そのうち判明します。

調査でやってはいけないこと

私はかつて、『「社会調査」のウソ』という本を出しました。アンケートや調査のプロセスで、やってはいけないことを実例つきで解説した著作だったのですが、今回、ちくまプリマー新書からの依頼《いらい》はその延長線。「やってはいけないことはわかりました。ではどうするべきなのかを中心に、若い人々にもわかりやすく解説してもらえませんか」と担当の編集者。「お安い御用《ごよう》」と引き受けて、書き始めてぜんぜんお安くないと知ったのですが、むろんアトの祭り。

というわけで、この本は「社会」というセッティングの中で、人々が「事実」を認定《にんてい》していくプロセスを中心課題としています。とは言え、前作同様「やってはいけないこと」の事例もあります。話を進めるうえで「マスコミが事実をねじ曲げる手法」を中心に説明せざるをえなかったのです。まず第一章で、研究者の中で一応認められている事実認定の正しい手順や考え方を説明し、第二章でマスコミによるいくつかの事例（やってはいけないこと）が登場します。

第三章、第四章では、分析《ぶんせき》を実際にやってみる手順と、その前提となる質問票の作り方を説明しています。なるべくわかりやすい例で説明したつもりですが、あくまで概念的《がいねんてき》な入門用の話です。もし本当に調査をやるなら、さらに他の参考書が必要でしょう。

第五章は、とりあえず事実認定プロセスを理解できたという前提で、本物とニセ物の情

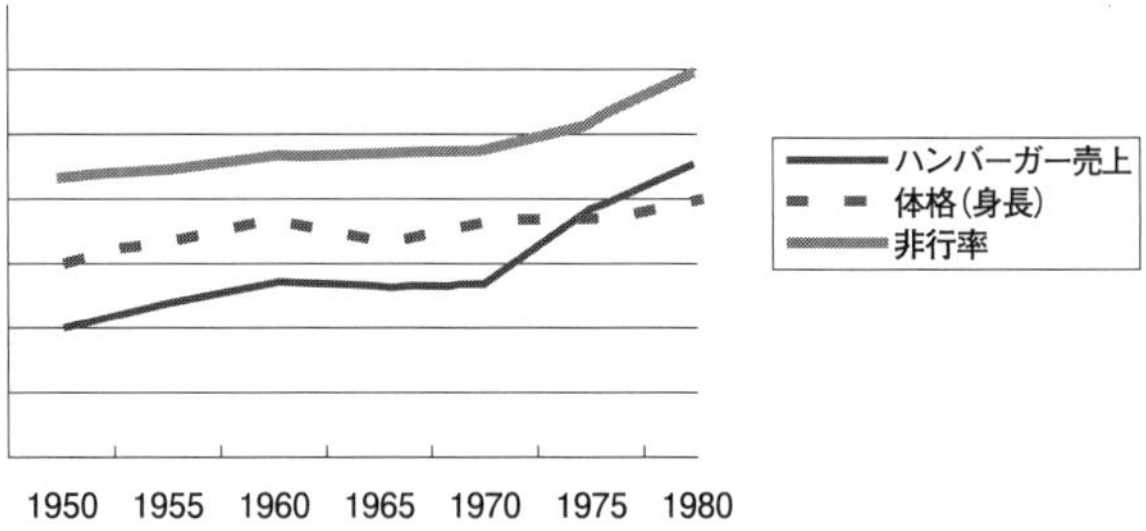

図A　非行の原因（?）

報を見分けるコツを解説します。そして私が「セレンディピティ」と呼んでいる「本物を嗅《か》ぎ分《わ》ける能力」を鍛《きた》えるために、日々、何をなすべきかを考えます。

いしいひさいちの4コマ漫画《まんが》

本書には、漫画家いしいひさいち氏の4コマ漫画が各章に登場します。たとえば次の漫画Ⓐのように、調査やリサーチなど、本書に関係のあるものから厳選したものです。

漫画Ⓐでプレゼンテーションをする男性のように、何でもグラフにして説明するのが得意な人がいます。グラフを使うことで、わかりやすいプレゼンテーションになることも多いのですが、逆にトンチンカンな世界に入《はい》り込《こ》んで、それでいて自分では気がつかないというのもよくあることなのです。

カンの良い人はもう気づいていることと思います。最初の少年非行とハンバーガーと体格の例の間違《まちが》いもこの種のもので、時間を横軸《よこじく》として変化を調べる時、特に多い間違いのひとつです。時間（年）による変化で相関を調べると、偶然同じ傾向《けいこう》を示すものは世の中にいくらでもあるのです。

私が手を上げて行った、追い討ちの質問は次のようなものでした。「ハンバーガーの売上と同じように増えているものとして、『紙オムツ』があります。そのグラフのハンバーガーの代わりに紙オムツを少年非行と比較《ひかく》しても、たぶん同じ結果になると思います。先生（発表者）は、紙オムツが非行の原因になっているとお考えですか」と。

この発表の先生はたぶん、非行の原因として戦後の食生活の変化を「ひらめいた」のだと思います。そしてその瞬間《しゅんかん》、自分の仮説や理論に没頭《ぼっとう》するあまり、他の可能性が見えなくなったような気がします。そもそも「事実を認定する正しいプロセス」を知らなかったのかもしれません。三十年、四十年前の学問の世界では、そのような概念が希薄《きはく》だったのは確かです。コンピュータもなかったしね。自分の子供の成績は、別に何の関係もないと言い切る漫画の男性の方が、この大学の先生よりはるかに世の中を知っているのは、まあ確かでしょう。

この先生を嗤《わら》ってはいけません。我々もいつ何時、知らずにとんでもなくトンチンカンなことをするかもしれないのですから。そのトンチンカンさを少しでも減らそうというのが本

これが今期の輸出量です。
着実に落ち込んでおります。
そしてこれが販売実数であります。
急激に落ち込んでおります。
そして一方、これは
私の子供の成績であります。
どういう関係があるんだね?
別にありません。

漫画Ⓐ

書の役割です。トンチンカンさを減らすのではなく、根絶することはできるでしょうか。正直それは無理だと思いますが……。

第一章　社会科学における「事実」認定《にんてい》プロセス

1　事実とは何か

「事実」とは何か。そんなことは言うまでもない、事実とは真実、正しいこと、間違《まちが》いないことだ、という人がいたとします。そこで「じゃあ真実、正しいこと、間違いないというのは何でしょうか」と尋《たず》ねると今度は、それは「事実」だと答えるのです。こうした中身のない、説明にならない説明を巡回《じゅんかい》論法（専門用語で「トートロジー」とも言う）と呼びます。時として、三つ以上の項目《こうもく》が巡回することもあります。たとえば「学校の成績が下がったのは、遊んでばかりいるからだ」、「遊んでばかりいるのは、悪仲間に誘《さそ》われるようになってからだ」、「悪仲間に誘われたのは、成績が下がったからだ……」、というふうに、因果律《いんがりつ》（原因と結果）が元に戻《もど》ってしまうのです。

このように世の中には、頭の中で概念《がいねん》を明白に理解しているはずなのに、いざ説明しよう、定義しようとすると、結構難しいものが存在します。事実とは何か、というのもそんな概念のひとつです。しかも自然科学の世界における事実と、社会科学の世界における事実とは、必ずしも同じ概念でない可能性すらあるのです。これが話をややこしくしています。

私は夢を見ているのでしょうか

ひとつ読者の皆《みな》さんに問題を提起したいと思います。次の問いかけに答えてみて下さい。「この文章を読んでいるあなたは、今夢を見ていないのだと証明できるでしょうか。あなたは今、現実の空間にいるのですか」。

そんなことは「私が知っている、今、私は現実を経験しているからだ」という人は、先ほどのトートロジーと呼ばれる、説明にならない説明しかしていないことに気がつくはずです。実際に筆者は、これは「むろん現実だ」と、自分で主張している夢を見たことがあります。自分をつねって痛みまで経験していたにもかかわらず、あとで結局、夢の中にいたことを知ったのでした。してみると、いかに現実感があろうと、今は夢の中なのかもしれません。実を言いますと、この問題は、哲学《てつがく》における古典的命題のひとつで、納得《なっとく》しうる答えは存在しません。言いたいことはつまり、経験的に本人には真実であることが判《わか》っていたとしても、それを正しく説明したり、証明したりするということは別の問題なのだ、という点です。

見たいものが見える

研究者が何か新しい理論をひらめいたとします。こうした「ひらめき」は正しいことも正しくないこともあるのですが、研究者はよく自分のひらめきを真実だと過信してしまいます。別の言い方をすれば、「自分のひらめきに惚《ほ》れこんでしまう」のです。恋《こい》は盲目《もうもく》と言いますが、惚れこんでしまうと周りが見えなくなります。あることを「信じたい」という気持ちが強ければ強いほど、存在しないものすら見えてしまうということが起こるのです。

有名な事例を紹介《しょうかい》します。天文学者のローウェルは、かつて火星の運河を望遠鏡で「発見」したことがあります。知的生命（火星人）の存在を示唆《しさ》したわけです。その後多くの人間が同様に望遠鏡を火星に向け、ローウェルが見たと主張する運河が、実在することを「確認」しました。あのローウェル教授が言うのだから、実際にあるのだろうと思《おも》い込《こ》んで見ると、ないものでも「なんとなく見つかってしまう」のです。オーソン・ウェルズによる「火星人襲来《しゅうらい》」というラジオ放送（むろんフィクション）を実話と勘違《かんちが》いした人々が、パニックに陥《おちい》ったのもこの頃《ころ》でした。

もうひとつの例として「N線事件」と呼ばれるものがあります。これはフランスの理論物理学者ルネ・ブロンドローが新たな放射線を発見、「N線」と命名した、と発表した一九〇三年のことです。権威《けんい》ある科学誌で発表されたブロンドローの実験を追試した、何名かの学者がその結果を確認しました。そしてなんと最終的に百人以上のフランスの物理学者、およびその弟子《でし》たちがこのN線を確認し、三百本以上の論文が書かれたのです。しかし実際には、このような放射線は存在していませんでした。

これら二つの例に見られるように、自然科学の分野ですら、学者たちにはないものが見えていたわけです。別にウソをついたわけではありません。皆に見えるのだから存在するはずだ、と考えて目をこらした学者たちには、実際に見えた（ような気がした）のでしょう。「裸《はだか》の王様の服」は童話の世界にだけ存在するのではないのです。コワイデスネェ。

このN線事件を一九九九年の著作で紹介したロジャー・ニュートンによりますと、こうした間違いが起こる原因は、仮説を検証するプロセスにあると言います。あとでもう少し詳《くわ》しく述べるつもりですが、「理論」と「現実社会の実態」との整合性を調べる方法は、大きく分けて二つあります。特定の理論が、現実社会の実態と合致《がっち》するかどうかを調べる「演繹《えんえき》法《ほう》」と、逆に現実社会の実態を計測し、データ化したものからそれらを矛盾《むじゅん》なく華麗《かれい》に説明

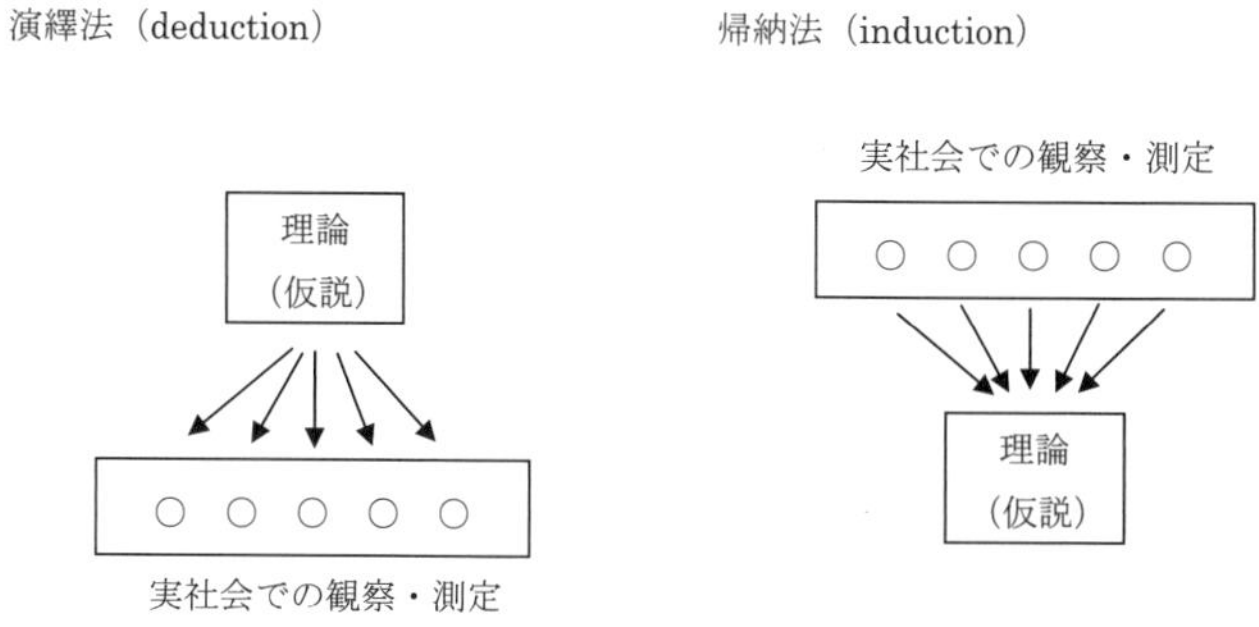

図 1-1　演繹法と帰納法——理論（仮説）検証の二つのアプローチ

しうる理論を構築する「帰納法」の二つです（図1－1）。ロジャー・ニュートンが（そしてほとんどの科学者が）一義的により正しい方法論と考えるのは、この二つのプロセスのうち前者の演繹法です（ここで言うところの「演繹法」は、論理学者が「仮説演繹法」と呼ぶものを意味します。仮説演繹法は、広い意味での帰納法に含《ふく》まれるとする考え方もありますが、ここでは図1－1のような異なるアプローチと考えることにします）。帰納法の場合、データにあわせた理論（無矛盾の仮説）を探すプロセスとなるわけで、そこに「ないものが見えてしまう」可能性が生じるのだと言います。このようなあと付けの理論化を専門家は、「ポストホック」（もしくは「アドホック」）な理論化と呼んでいます。

〈コラム〉　日本人とオカルト

読者の皆様、特に若い方々にあえて申しあげます。この本から何かを学ぼうと考えるなら、たった今から「オカルト」を信じるのは、おやめなさい。超自然的《ちょうしぜんてき》なパワーや霊界《れいかい》を信じたい気持ちは誰《だれ》にでもあるでしょう。しかし私は良心と研究者の誇《ほこ》りを持って、次に挙げるものは基本的にデタラメだと断言します。

☆　血液型占《うらな》い、星占いなどの多くの占い

☆　透視《とうし》、予言など、超自然的な能力

古代フェニキア人は、季節によって正しい船の方向を知るため、全天の星の中でより目立つ光や色のものをひとまとめにして覚えていました。月の満ち欠けなど、いろいろな理由により、一年でめぐる黄道《こうどう》の星々を十二に分割するのが便利でしたし、理にかなっておりました。今、我々が星座と呼ぶのは、その名残《なごり》です。地上からひとまとめの星座に見えたとしても、それぞれはお互《たが》いに、何万光年も離《はな》れた恒星《こうせい》にすぎないかもしれないのです。

星が光るのは、その質量が核融合《かくゆうごう》反応が起こるほど大きいからです。その反応が、天の川《あまがわ》銀河のどの方向に見えるかで、あなたの恋が変化したり、他人との関係が悪くなったり、受験にむいた日があるなどと本気で考えるなら、アナタはウチのネコと同じレベルです。まだ立ち読みをしている段階なら、この本を買うのはおやめなさい。たぶん何の役にも立たないでしょうから。代わりにドクター・コパの本でも読むか、細木数子のバラエティ番組でも観《み》て、世の中の不思議について悩《なや》み続けることです。私にとっては悲しいことですが。

いしいひさいちの漫画《まんが》Ⓑを見ていただきたい。宝くじ売り場でよく見かける「この売り場で○等○万円の当たりが出ました」という類《たぐい》の看板に対する、彼《かれ》独特の揶揄《やゆ》（からかい）です。少しばかり脳みそが働いておれば、宝くじのどの一枚も同じ確率でしか当たらないことは判るはずです。従って将来の可能性において、通常の可能性よりよく当たる売り場など存在しないことは、同じく判ると思います。たくさん売る売り場は、当然よく当たりを出すことでしょう。それだけのことです。しかしどの宝くじ売り場も、当選者が出たことを高々と掲《かか》げるのはなぜなのか。この売り場の宝くじは当たりやすいこと（つまりウソ）を、アピールしようとするのでありましょう。ダマされるのはアホです。

そもそも宝くじ協会は、定期的に週刊誌などに「おめで当せん劇場」（むかしは「ハッピーさん」）なるものを広告として載《の》せています。「トイレに置いたらウンがついた」とか、「縁《えん》

宝く
よっしゃ宝くじ買うとこ。
おお！
当店から8回目1等1億円が出ました
どー
かー
当店から
しばらくは出んということや。駅前で買お。

漫画Ⓑ

起《ぎ》モノ・全員集合でズバリ当せん」とか、高額当選者の（くだらない）エピソードを紹介し、当選者は、あたかも何らかの人為《じんい》的《てき》努力によって当てたように、そして他の人もそうすれば当たる確率が上がるかのように述べるのです。宝くじ協会のトップの人々とて、こうしたエピソードが原因で、高額当選者がでたと信じているはずはありません。もし信じているのなら、その脳は隣《となり》のイヌ（ウチのネコよりアホ）と同じレベルです。連中はわかった上で、主として頭の弱い人々をダマすために、あの広告を出しているのだと思います。

蛇《だ》足《そく》ですが、ののちゃんのおばあちゃんが言う内容も当然ながら間違いです。他の店でも当たりやすさは変わりません。むろんいしいひさいちには、百も承知のことでしょう。

2　帰納と演繹

理論（仮説）を検証するプロセスに、大きく分けて帰納法と演繹法の二種類があることを説明しました。そして科学的により好ましいやり方は、演繹法であるとも述べました。この演繹法は、通常、研究者が論文を書くときに使用する内容の骨組みでもあります。

本書には社会科学の世界における専門用語が、いくつか登場します。初めての人はとまどう可能性が高いので、もう一度整理する必要があるでしょう。幸い、マイクル・シャーマー（一九九九）が過去の定義（ピーター・メダワー、一九六九／アーサー・スタンリー・エディントン、一九二八など）をうまく要約しておりますので、それを拝借することにしました。


「仮説」…観察結果に対する追試可能な説明。

「理論」…基盤《きばん》がしっかりしていて、よく吟味《ぎんみ》された仮説、もしくは仮説群。

「帰納」…現存するデータから、一般的《いっぱんてき》な結論を導き出すことによって、仮説を組み立てる。

「演繹」…仮説にもとづいて特定の予測をたてる。

「観察」…探すべきものを示す仮説に従い、データを収集する。

「検証」…初期仮説の追認、あるいはその誤りを正すために、さらに観察を重ね、予測と対照して分析《ぶんせき》を行う。

「事実」…一時的な同意が得られる程度には論理的であると認められた結論。


（参考…マイクル・シャーマー、一九九九。四〇―四一頁）

これらの定義の意味するところは、本章の後半部でより詳《くわ》しく説明していきます。今はまだ完全に理解していなくても問題はありませんので、続けて読み進んでいただきたいと思います。それでは帰納と演繹の話を続けることにしましょう。

帰納法のワナ

帰納法は、我々が特定の現象に「もっともらしい理由」を考える時に使う方法です。むろん間違っているとは限りません。むしろ使い慣れた、本能的に正しい結論であることの方が多いくらいです。ただ前にも述べたように、ポストホックな理由付けは、あとからこじつけた理由であるがゆえに、「表面上正しく見えるだけかもしれない」ことに注意する必要があります。科学的見解では、まだ証明されていない命題にすぎないのです。学問分野の中には、考古学や古生物学、または精神分析学のように、帰納的な証拠《しょうこ》を積み重ね、皆が認める理論を作り上げていく（このやり方を「帰納的一致《いっち》」と呼びます）ことが基本アプローチとなるものもあります。

世の中における事実認定のプロセスは、実際には帰納法と演繹法とが、交互《こうご》に組み合わさって起こるものです。しかもそのスタートは、帰納的な推論であることが普通《ふつう》です。研究者の演繹的な論文は、多くの事象を「うまく説明できる」理論を先に記述し、それが正しいか否《いな》かをデータで検証する、という順序・プロセスをとりますが、それは一連の事実認定プロセスのうち、演繹的な部分を切り離して記述したものだから、そのように見えるにすぎません。自然科学の分野から例を示しながら、この部分の解説をおこなうことにします。

ニュートン力学の完成

コペルニクスは天が動いているのではなく、我々の乗っている地球が、太陽の回りを回っているのだという説を提唱しました。そうだとすれば、天体の動き、特に太陽、金星、木星などの動きが説明しやすいと考えたからです。これを天動説から地動説へのコペルニクス的転回、縮めて「コペ転」と呼んで、自分たちの考え方の基本の枠組《わくぐ》みを変える、という意味に使う人がいます。この「コペ転」は、もともとカント哲学派による概念でしたが、二十世紀にトマス・クーン（一九六二）によって唱えられた、「パラダイム・シフト」という言葉とほぼ同義です。わかりやすく言えば、一部の手直しではなく「考え方の前提からやり直す」ということです。コペルニクスは、それまでの人々の常識を一八〇度ひっくり返し、現在の

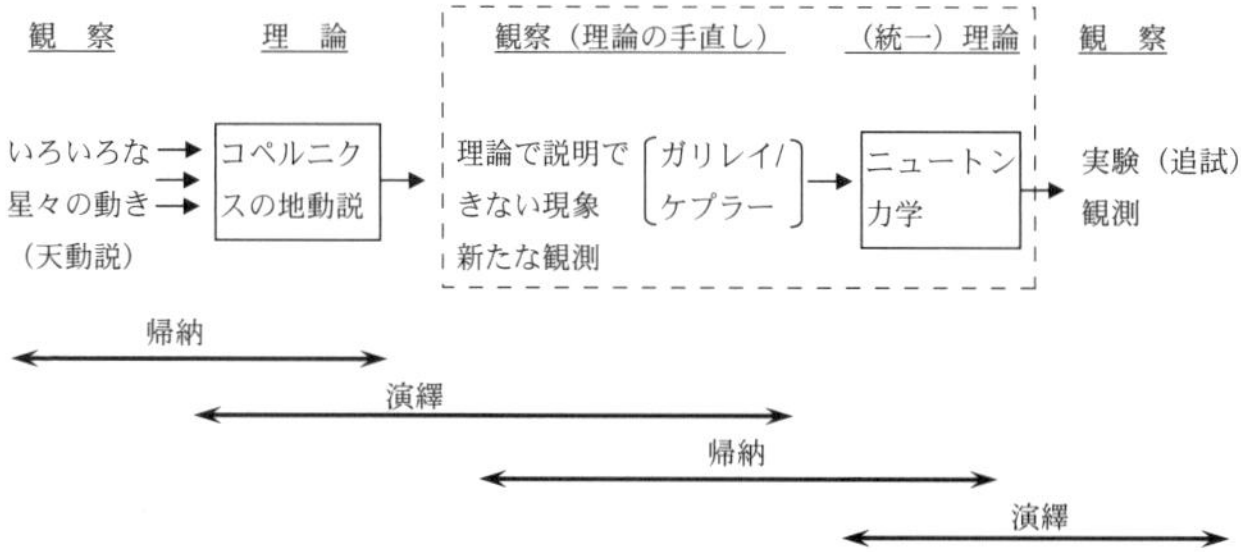

図 1-2　仮説作りと検証作業の試行錯誤

天文物理学のスタートを切った人間だ、ともいえると思います（ただしこの論は、西洋の科学史から見た考え方にすぎません。フェニキア人やバイキング達は、地球が丸いことはとっくに知っており、ついでに天が動くのではなく、地球が回っていることぐらい承知していたものと考えてよいでしょう。コペルニクスは、それを文章で発表したというだけです）。

その後ガリレオ・ガリレイやヨハネス・ケプラーたちが、地動説をもとに天体の動きを観察し、仮説作りと検証作業の試行錯誤《さくご》が繰《く》り返《かえ》されます。このあたりは省略しますが、こうした観察や推論をふまえ、アイザック・ニュートンが登場するのです。

図1－2がその流れです。ニュートンは、それまで過去になされた観察とその理論、そしてそれで説明できない事象を華麗に説明しました（図の点線部分）。ここまでは帰納的な流れです。彼の有名な万有《ばんゆう》引力を含《ふく》む力学理論（『プ

リンキピア』）は、世の中で起こるすべての物理的事象の因果律を矛盾なく、そしてエレガントに説明できたのみならず、さらに重要なことに「将来起こるであろう結果まで予測することができたのでした。

演繹的理論の重要な要素のひとつが、この「将来に対する予測」です。もしニュートン力学が正しいとすれば、何月何日に日蝕《にっしょく》や月蝕が起こるだろう、放物線軌道《きどう》上で推力を切られた飛行物体内では、無重力状態が経験できるだろう。こうした予測は、比較的《ひかくてき》簡単に計測が可能ですが、それが理論の正しさを補強していくことになるわけです。海王星は十九世紀中頃、アダムスとルヴェリエにより別個に発見されましたが、これは天王星の不規則な動きをもとに、ニュートン力学を使って分析し、未知の惑星《わくせい》の位置と質量を予言し、そしてそれが正しかったことによります。こうして誰もが納得し、その理論が矛盾なく成立するということが受け入れられた時、その理論は研究者間で「事実（正しいもの）」として受け入れられます。この受け入れられるプロセスは、理論の「一般化（generalization）」と呼んでいます。

矛盾が起きた時――アインシュタインの相対性理論の登場

特定の理論が矛盾なく成立する時、その理論で予測される出来事は、「別の要素が邪魔《じゃま》をしないかぎり」常に成立する必要があります。この「別の要素」につきましては、少しあとで解説することにします。さてそれでは、ニュートン力学は完全にすべてを正しく説明できたのかと問われますと、実はそうではなかったのです。詳しくは省きますが、地球から見て水星が太陽の近くを通過するとき、ニュートンが予測した位置から微妙《びみよう》にずれていることが判明したのです。これを「水星の近日点移動」と呼びますが、ニュートン力学からは説明できない現象だったのです。多くの研究者は、ニュートン力学が正しいという前提で、水星自体に我々の知らない衛星がある可能性や、水星の付近に光を反射しない他惑星がある可能性などを追究しましたが、誰もニュートン力学のパラダイムの下《もと》では、この謎《なぞ》を解明することができませんでした。

こうなると、ニュートン力学のパラダイムに疑問符《ぎもんふ》がつきます。そして新たなパラダイムを求めなくてはなりません。それに成功したのは、ご存知、アルバート・アインシュタイン。彼の一般相対性理論は、もしその理論が正しいなら、水星の近日点移動問題をすっきりと、そしてエレガントに解決できました。ただし、相対性理論があまりに突飛《とっぴ》なアイデアだったため、このパラダイム・シフトが受け入れられ、一般化するためには、少々時間が必要でした。つまりこの理論が未来に起こる現象を正しく予言したり、実験可能な結果による確認をしたりするプロセスが必要だったのです。

一般相対性理論によれば、皆既日蝕《かいきにっしょく》時に太陽のすぐそばに観測されるはずの、ある星の位置が（太陽という大きな質量のそばを通る時に光が曲げられるため）何度くらいずれて見えるだろうと予測され、実際その通りの事象が観察されました。また、精密な時計をロケットで加速し、のちに地上で回収すれば、その時計は何秒遅《おく》れているはずだ、という実験も満足のいくものでした。こうしてアインシュタインの相対性理論は、徐々《じょじょ》に一般化され、今では確固たる正しい事実（理論）として一般化されているのです。

一般化に対する疑問

ここで我々は、次のような疑問を持つかもしれません。「ニュートン力学も一般化され、事実として受け入れられたはずだったのに、のちに否定されてしまった。だとすれば、アインシュタインの相対性理論が将来否定されないと言い切れるのだろうか」と。

良い疑問です。哲学者カール・ポパー（一九〇二～一九九四）は、「特定の理論が絶対に正しいことを証明する方法論は存在しない」（『確定性の世界』、一九九八）と述べています。理論にとって可能なのは、その理論が間違っていることを証明することだけだ、と主張するのです。そして一般化された理論とは、カール・ポパーにとって、単に長いあいだ否定されなかった、そしてそのぶん真実である可能性の高まった命題（仮説）であるにすぎないのです。

我々は、今、夢を見ているのではないと感じています。それも今日一日、ずっとそう思っていました。だからこれは現実であるに違いありません。私はそのことを「知っている」はず。でもそれを証明する方法はないのです。突然夢から覚めて、現実と思っていたものが幻《まぼろし》だったことを知る可能性が減っている状態、つまりポパーの言うところの「高い可能性で一般化された事実」であったにすぎないのです。

「一般化」という言葉は、自然科学の分野では「無矛盾に成立する、皆に受け入れられた理論」に対して使用されます。しかしながら社会科学（社会学、経済学、政治学、社会心理学、法学etc.）の分野では、少々別のニュアンスで使用されます。社会科学での一般化は、自然科学ほどの厳密さで無矛盾を要求されないかわりに、時間軸《じかんじく》と空間軸、それに文化軸を超《こ》えて成立することが要求されます。わかりやすく言えば、「その理論が、どの時代の、どの地域や国の、どのようなグループにもあてはまる」とされたとき、その理論は一般化された状態となるわけです。ここで言うグループとは、「東京人と大阪人《おおさかじん》」などのように地理的に分けられるケース、「戦後世代と戦中戦前」のように世代で分けられるケースなど、行動の質的違いが文化背景から来るものをさします。細分化すれば、サブ・カルチャーなどもグループとみなすことができるでしょう。

3　社会科学における事実

事実（「理論」を含む）が、徐々に一般化されるプロセスは、自然科学分野と社会科学分野とでは少々異なる、という言い方をしました。どう違うのかを説明するにあたりまして、社会科学において特定の理論が世の中で認められていくプロセスを、具体例で解説することから始めようと思います。どんな例でもよいのですが、一般的でわかりやすいマクロ経済学の理論として「通貨供給量を増やすと失業率が下がる」というケインズ（John Maynard Keynes: 1883–1946）の例にしました。

通貨供給量と失業率の関係

国の経済規模、失業やインフレのレベル、その他多くの要因によって違いはありますが、ケインズの有効需要《じゅよう》のマクロ経済理論によりますと、通過供給量を増やせば景気を刺激《しげき》し、投資が活発化して失業率が下がるはずです。今かりに（かなりいいかげんな数字ですが）流通する通貨供給量を五％増やせば、三か月後に平均して失業率が二％下がるものとします。ケインズがこの理論を確立するまでに、アダム・スミス、カール・マルクス、デイビッド・リカードらによる多くの試行錯誤があったことは確かですが、そのあたりは本来の目的ではないので、とりあえず省略します。

この理論が一般に受け入れられ、正しいものと考えられ、多くの社会で通貨供給量を五％増やしてみたとします。ほとんどの社会では三か月後に予測値どおり、もしくはその誤差の範囲《はんい》の失業率下落が観測されました。めでたし。ところが二〇〇〇年十月の北朝鮮《きたちようせん》と、一九九四年十一月の神戸《こうべ》市では、失業率が下落するどころか、三か月後にかえって上昇《じようしよう》していることが判明したものと仮定して話を進めます（「北朝鮮の統計などないはず」というツッコミはいれないこと）。ここまでの流れを図で示すと図１‐３のようになります。

さてここで重要なことを指摘《してき》しておきたいと思います。実は「社会科学の理論は、自然科学の理論とは違って、予測どおりにならなくても完全には否定されない」のです。なぜか。それは社会科学のテストは常に同じ設定で行えないからなのです。

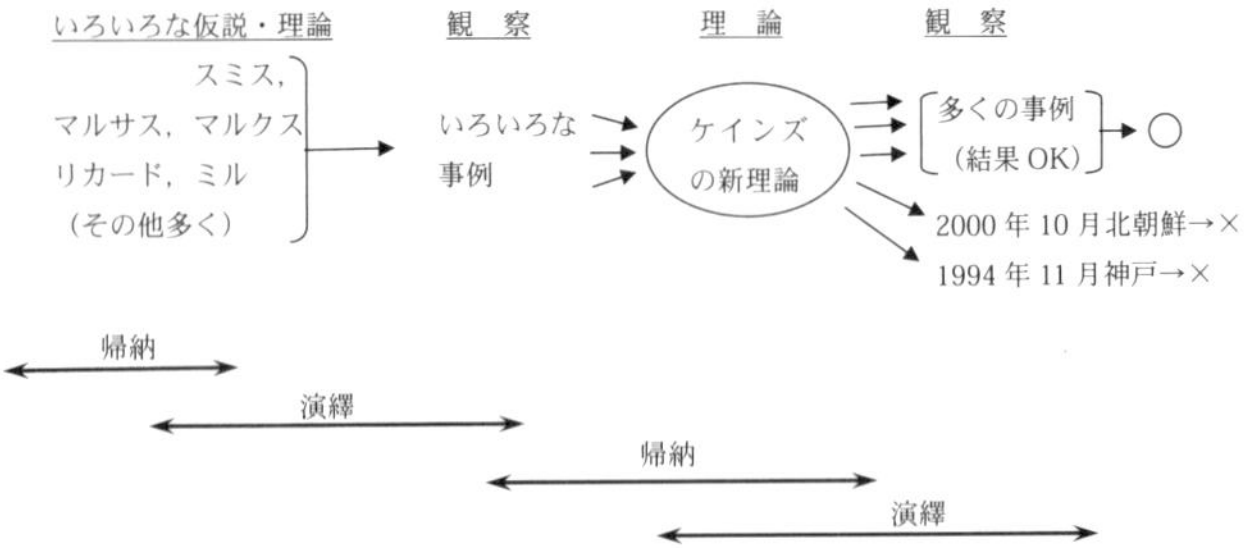

図 1-3　社会科学の一般化プロセス

社会科学におけるノイズについて

同じ歴史は二度と繰り返せません。同じように見えても外部条件が少し異なるだけで、その影響《えいきょう》は結果に多大な差をもたらすことがあるからです。自然科学では、ほぼ同じ条件で実験し、同じ結果を出すことができます。つまり他人の実験を誰でも再現できるわけです。しかし変化の激しい「社会設定」の中では、その核の部分だけに限定したピュアな実験はできません。常に外部からの、（前に少しふれた）「別の要素」が、測定の邪魔をするのです。この邪魔者を「ノイズ」と呼びますが、そのノイズはいくつもあり、結果に影響を与《あた》えつづけます。従って、社会科学における理論の検証には、外部ノイズによる理論値からの「ずれ」が必ず起こると考えるべきです。

このずれのことを専門用語で「バイアス（bias…「偏《へん》

向《こう》」と訳される)」と言います。

バイアスは理論の検証課程のいたるところで起こりえます。特にデータを集める段階では、三ケタにのぼるバイアスの種が存在しますが、ここではあえて説明を省きます。興味のある人は、拙著《せっちょ》『「社会調査」のウソ』を読んでいただければ幸いです。

社会内である政策の効果を試行しようとするとき、ノイズの威力という点では最も大きなもののひとつ、「ヒストリー・イフェクト(history effect)」と呼ばれるバイアスが起こりえるのです。

一般化のプロセス

北朝鮮でケインズ理論がうまく機能しなかった理由は、たぶん社会・経済システムが独裁・全体主義的なもので、我々のような資本主義ではないことによるでしょう。そもそもケインズの理論は、資本主義を前提としたものであり、全体主義の経済を予定しているものではありません。従ってケインズの経済理論には、もともと書かれていませんが自明の成立する条件、つまり、「時空制限条件」があったものと考えるべきです。

時空制限条件とはつまり、理論自体が特定の時間軸(時代)もしくは空間(地域や国)を予定、もしくは排除《はいじょ》していることを指します。一般化された理論とは、前に説明しましたようになるべく広い時空（および文化）で成立することが条件でしたが、予《あらかじ》め排除された時空があり、成立する条件が定まっている時も（あまり限定された時空でない限り）一般化は可能となります。結論として、北朝鮮で成立しなかったという理由で、ケインズ理論が否定されるわけではありません。

一九九四年十一月、神戸で通貨供給を五％増やした三か月後は一九九五年一月。この間に未曾有《みぞう》の大震災《だいしんさい》が起こったことは、皆さん知っておられることと思います。失業率が下落せず逆に上昇したのは、大地震という特大の「ヒストリー・イフェクト」が起こったためであることは自明でしょう。このように最初の刺激（通貨供給の増加）と、予想される結果（失業率の低下）との間に例外的な事象が起こり、それが「明白な理由」となって予想された結果が得られなかった場合も、理論は否定されません。

このような明白な理由となる事象として、天変地異の他に、戦争や疫病《えきびょう》、あるいは大銀行の倒産《とうさん》といった経済的不安がありえますが、場合によって思いもよらない原因が存在するケースもあります。たとえば隣国《りんごく》で失業者が増え、こちら側の好景気予測（投資の拡大）によって、失業者が一時的に増えるかもしれません。これは過去、実際に起こったことでもあり

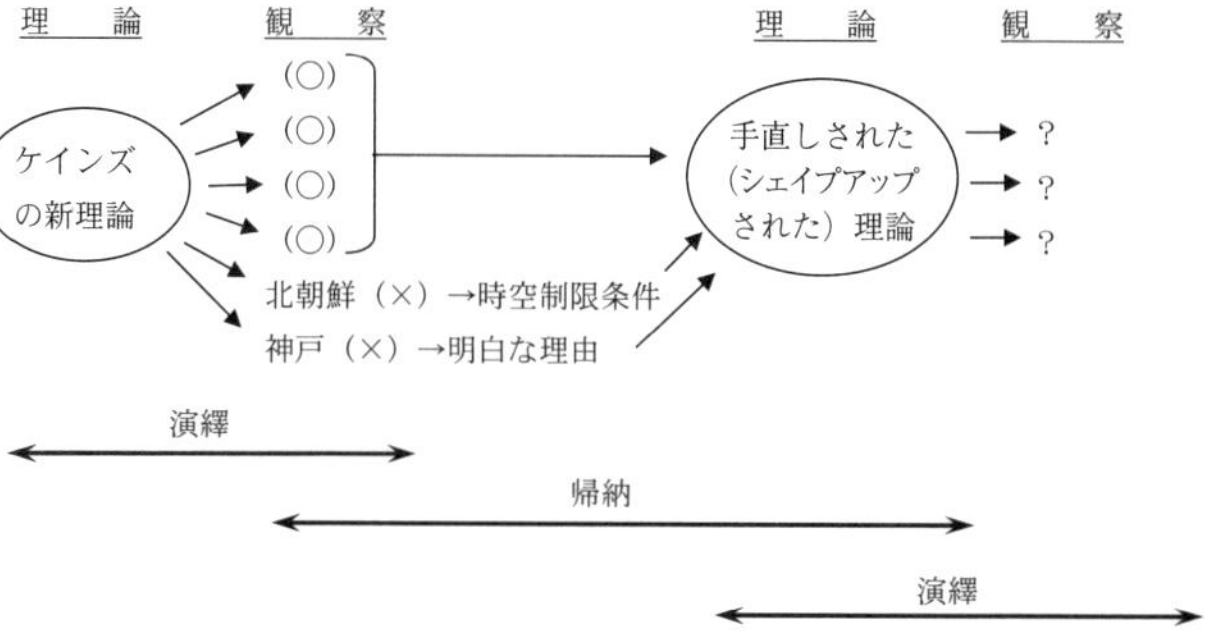

図 1-4　社会科学の一般化プロセス（続き）

ます。ミシシッピ州のチュニカという街でカジノが合法化された時、周りの州から失業者が押《お》し寄《よ》せました。好景気にもかかわらず失業率が上昇する、という事象が観測されました。つまり重要なことは、理論が予測した結果が現出しなかった時、それを論理的に明白に説明しうるなら、その理論は死んでいないということです。

否定はされなくても、成立する条件（時空制限条件）が変化したり、明白な理由により新たな知見が加わった時、理論は手直しされて次の段階に進みます。つまりシェイプアップされた改理論となって、次の観察に耐《た》えうるかどうかを試されるのです。図示すると図1－4のようになります。これは前図の続きですが、左側部分はカットしてあります。

あえて言うまでもありませんが、「時空制限条件」

でも「明白な理由」でもなく、予想と異なる結果が出た場合、その理論の正当性には疑問符がつき、何度も重なると自然に否定されてしまいます。社会科学理論は否定される場合も、自然科学理論よりプロセスがあやふやです。

4　社会科学界の事実とは

ひとことで言うとすれば、社会科学界における事実とは「蓋然性《がいぜんせい》（確実性）の世界」です。自然科学のように完全な白か黒か、という事実ではなくて基本的に灰色であり、その灰色が限りなく白に近いものか、黒に近いものか、というものでしかありえません。

社会科学の「モデル」について

ある事象Ⓐを原因とし、ある事象Ⓑが起こる時、ⒶはⒷの原因であると言います。因果律として〈Ⓐ→Ⓑ〉という書き方をしますが、この因果関係の骨組みの集まったものを「モデル」、もしくは「因果モデル」と呼びます。事象ⒶとⒷはそれぞれ「変数（variable）」という概念で呼ばれます。先ほどのマクロ経済学理論は、「通貨供給」という変数が変化することで、「失業率」というもうひとつの変数に変化をもたらしたわけで、この両者の間には因果関係があると考えられる理論だったわけです。

ところが先ほども詳しく述べましたように、実社会では「通貨供給」と「失業率」だけを切り離して計測することはできません。因果律には、他の変数による影響が不可避《ふかひ》となるからです。ならば、「影響のありそうな変数をすべて因果モデルに含めてしまえばよいではないか」、と考えるわけですが、それだと他社会と比較しえないひとつの事例でしかなく、結局何も証明しえなくなってしまうのです。結論的に社会科学のモデルが折衷的《せっちゅうてき》に採用する方法は、「比較や追試が可能な程度に限定された数の変数のモデル」であり、かつ「結果に重要な影響を与えそうな変数がなるべく網羅《もうら》されているモデル」ということになります。モデル内の変数は通常二つ以上で、多くとも一ケタ以内のものとならざるをえませんが、この大きさのモデルを「中範囲のモデル」と呼んでいます。社会科学のモデルは基本的に中範囲なのです。

自然科学は実験室でピュアなデータが得られますので、理論に必要な変数は決まっており、それより多くも少なくもない確定したモデルが自動的に採用されるはずです。つまりその点をあれこれ考える必要はないのです。

	自然科学	社会科学
基本となる検証プロセス	演繹法	演繹法
検証方法論 ● 観察（データ） ● 因果モデル ● 予測値の実現 ● 客観性の条件 ● 矛盾した結果	 ● ピュアな実験／調査 ● 確定的／排他的 ● 100％ ● 正確な計測 ● 理論の否定	 ● 実社会での試行／調査 ● 中範囲／流動的 ● 誤差の範囲内／統計的有意性 ● 大衆意見の集約／平均 ● 疑問符の付加（説明可能性）
一般化 ● 追試 ● 一般化の強化 ● 一般化の条件	 ● 追試による再現 ● 他の補強証拠 ● 無条件の成立（例外なし）	 ● 追試による補強 ● 蓋然性の向上（対抗仮説の否定） ● 時空制限+文化軸
事実	● 特定パラダイム内において一般化された事象／明白な結論 ● 確立した事実が変化する場合、通常はパラダイム・シフトを伴う	● 広く正しいものと受け入れられた事象／ややあいまい ● 場合により社会的に事実が構築されることがある

図 1-5　自然科学と社会科学における事実認定の差異

自然科学と社会科学の違い

第一章を終えるにあたり、ここまでの説明をもう一度まとめる形で、自然科学と社会科学の差、そして「事実」の違いについて比較しておきましょう。図1-5がその比較です。

自然科学も社会科学も、基本となる検証プロセス／事実の一般化プロセスは、類似《るいじ》しています。大きく異なるのは、社会科学の事実というものが、常に蓋然性を含み、ピュアな証明ができない点。そしてもうひとつ、社会科学の理論には時間、空間、そして文化の差異による制限が加わる点でした。

本書を書いている理由のひとつ（主要なひとつ）は、こうした社会科学のあいまいさを誤用する者や、もっとひどいことに、あえて悪用する者たちが後を絶たないことによります。調査やデータなどの観察結果の誤用や悪用に対処する方法を知らないと、これからの社会でしなくてすむ苦労をすることになるでしょう。そう信じているためにこの本を書いているのです。

次章（第二章）では、こうした誤用、悪用の宝庫、マスコミの話をします。大きな影響力を持つマスコミと正しく向き合うことは、これからの長い人生を生きていく上で、大変重要なこととなる……はずです。

第二章　マスコミはいかに事実をねじ曲げるのか

「私はスポーツ欄《らん》の結果を除いて、新聞の数字や記事はとりあえず信用しないようにしています」と明治大学のS・A教授が言います。同感です。およそまともに教育を受けた者なら、新聞もテレビも週刊誌も、マスコミというものが、いかにいいかげんなものかは感じているはず。ただ悲しいことに、まだ充分《じゅうぶん》にまともな教育を受けていない人、受けたくてもその機会がなかった人は、少なくないのです。それらの人々は、マスコミに騙《だま》され続けているし、これからも騙され続ける可能性が高いと思います。この本を書いた理由の主要部分は、特に若い読者の方々に、自分で考え、判断するきっかけになって欲《ほ》しい、そしてマスコミの実態を知って欲しいということです。

マスコミと言っても、わりとまともだと信じられているものから、低俗《ていぞく》のきわみに至るまで、いろいろあります。範囲《はんい》が広い。週刊誌を例にとるなら、どう考えてもまともとは思えない週刊Gだの、週刊Pだの（それにいくつかの女性週刊誌）が、売上げの上位を占《し》める日本社会の知的レベルには、心が痛むのみです。本書は、このレベル以下のマスコミ媒体《ばいたい》の記事に、文句をつけるつもりはありません。キリがないし、私もそれほどヒマではないからです。はい。

本書が取り上げるマスコミは、わりと多くの人に（とりあえず）まともだと信じられており、かつ影響力《えいきょうりょく》の高いものに限定します。新聞なら俗に五大紙と呼ばれる、朝日、読売、産経、日経、毎日、テレビならNHKあたりです（これらのマスコミがまともだと言っているのではありません。念のため）。それでは、これら（一応）有名マスコミが、事実をねじ曲げる手法を解説することにしましょう。

1　世論の誘導《ゆうどう》——ニュースの選択《せんたく》と比重

繰《く》り返《かえ》しと洗脳

「ウソも百回繰り返すと、本当になっていく」と、ヒトラー政権下の宣伝省はふてぶてしく述べたそうです。あえてウソとは言いませんが、マスコミは自分たちの立場を主張するために、何回も何回も同じことを繰り返す場合があります。

この原稿《げんこう》を執筆《しっぴつ》している二〇〇六年の夏、次期首相《しゅしょう》候補が出揃《でそろ》う中、いわゆる靖国《やすくに》神社参拝問題がひとつの論点となっていました。各メディアは、はっきり言って「もういいや」というレベルを超《こ》えて、スペースや時間をこの問題に当てていました。あまり気分が乗らない（なぜなら、私がこの問題に興味があると思われると心外だから）のですが、ちょうどよい題材ですので、この例を中心に話を進めることにします。

特にウルサイほどしつこく、同じことを繰り返し続けたのは、朝日新聞とNHKだったと思います。朝日新聞は同社の一面記事、社説、天声人語、社会面などで、小泉首相の参拝問題を取り上げ続け、それに付随《ふずい》する記事や主張を書き続けていました。当然のことながら、投書欄で取り上げる声もかなり偏《かたよ》ったものばかりです。

小泉政権の後半において、隣国《りんごく》の中国や韓国《かんこく》との首脳会談は開かれていません。外交的に解決すべき問題の多くが棚上《たなあ》げ状況《じょうきょう》になっていたこともあり、それらの国々が気にかける靖国神社の問題は、次期首相の選択に向けて政策論点のひとつではありました。しかし、他に政策の論点は山ほどあったのです。ひとつの論点に重点を置くことは、他の論点の比重を下げることにつながるのですが、朝日新聞はあえてそれを選んだのでした。これは朝日新聞の問題ですから、論点に何を選ぼうと自由ですが（もう少しアトのコラムで述べるように）読者側にも、新聞を選ぶことができることを申し上げておくべきでしょう。こんなことを続けていると、不安な将来が来るかもしれませんよ、と。

終戦の日のNHK

小泉首相が終戦の日の八月十五日に靖国神社を参拝した日、なんとなく惰性《だせい》でNHKニュースをつけていたら、「あきれた」。朝七時にスタートしたNHKニュースは、靖国問題を延々と繰り返し、七時十五分にやっと別のニュースになりました。参拝のニュースの内容は、一分でわかるのにねぇ。やっと別の話題になったニュースは九分以内で終わり、七時二十四分から八時十四分すぎまで、また連続して靖国問題が繰り返され続けたのです。なんと連続五十分（!）。その間、このかわいそう（に思えた）なアナウンサーは、ほぼ同じ文句を数十回唱え続け、目がうつろに見えました。結局七時からの七十五分のうち、六十五分以上をひとつのニュースに集中し続けたわけで、他の重要なニュース（たとえばイスラエルとレバノンの停戦問題）は、どこかに吹《ふ》きとんでしまったのでした。

このNHKの態度は、ハイジャックやテロなどの緊急性《きんきゅうせい》ある突発《とっぱつ》事件のライブ報道ならまだしも、他のすべてのキー局も同じ報道をしている（これもボケた話だ）中での朝のニュースとして、バランスのとれたものとは言《い》い難《がた》いものです。それでなくても他の番組で、辟易《へきえき》するほど終戦の問題や、靖国参拝問題に時間を割《さ》いているNHKにとって、この繰り返しはやりすぎでした。日本国民を一定方向に洗脳しようとするかのような、執拗《しつよう》さであったと考えます。

実際に存在するものを報道することは、時間の多寡《たか》の問題であっても、事実のねじ曲げではないだろう、とする反論にお答えしておきます。著《いちじる》しくバランスを欠く一方の声の報道は、事実のねじ曲げと五十歩百歩なのです。公平な報道を理念とし、法律によって国民から集金することが認められているNHKにとっては、特にそうだと言ってよいでしょう。

同じフレーズの「繰り返し」がどのようなメカニズムで洗脳につながっていくのか、という問題は心理学的および脳科学的見地の題材です。人間は同じことを聞いたり唱えたりすることで、単なる記憶《きおく》以上の潜在的《せんざいてき》意識を持つのかもしれません。

漫画《まんが》Ⓒは、一九九六年の時事問題を題材にした、いしいひさいちの4コマ漫画。アメリカのブッシュ大統領（父）が、ビル・クリントンにホワイト・ハウスを委《ゆだ》ねるにあたり、貴重なアドバイスをしている場面です。

「困ったことが起こった時、イラクを空爆《くうばく》せよ」というのは、人々の目を一定方向に誘導す

ビル、大統領の職をゆずるにあたってひとつだけアドバイスさせてくれ。
ええ
いいかね、なにか困ったことがおきたらどんな時でも。
とにかく、困ったなと思ったらいつでもいいから。
ええテキサスへ相談に行きますよ。
とりあえずイラクを空爆するんだ。

漫画Ⓒ

るために、仮想敵国を作り、実際に戦争を始めることほど効果的なことはない、という意味だと思います。他のスキャンダラスなニュースなど、すべて「ふっとぶ」からです。

このブッシュ大統領（父）の支持率は、イラク空爆後実際に急上昇《きゅうじょうしょう》しましたが、恐《おそ》ろしいのは、その子供、今のブッシュ大統領もまた、支持率が下がった時にイラクと戦争を起こし、一時的にせよ支持率が回復した事実です。私が「恐ろしい」と表現したのは、こんなことでコロコロ変わる世論のことであって、空爆をした事実に対してではないことに注意してほしいと思います。国際政治の中で、「戦争は絶対の悪」という考え方をするほど若くはありません。少なくともヒットラー相手に起こした戦争のように、したくないけどせざるをえなかった戦いもあることが、歴史を学べば見えてくるからです。「話せばわかる」国だけではないことを実際に知っているからでもあります。今の日本がナチズムや軍国主義の国でないことはありがたいことだと考えています。イラクとの戦争の可否は、歴史が裁くことになるでしょう。ちなみにクリントン大統領も国連の了解の下、ボスニアやコソボを空爆していいます。支持率との関係はわかりませんが……。

2　意図的な省略と曲解

「報道のバランスを著しく欠く」ことが、事実のねじ曲げにつながるもうひとつの理由は、先ほどのNHKニュースの例でもあったように、他のニュースの比重を相対的に減らすことです。八月十五日は、帰省ラッシュのピークであったにもかかわらず、交通情報はどうなっているのかわかりませんでした。その日は二つの台風が接近中であったにもかかわらず、画面左上のテロップで各地の最高気温が流れただけで、台風の情報はわかりませんでした。ましてやレバノン情勢や他の国々の動きなど、その日は存在しなかったかのようでした。

マスコミが事実をねじ曲げる方法の中に、「わざと（もしくは知らんぷりして）特定のニュースを報道しない」ということがあります。言わばニュースの意図的な抜《ぬ》け落《お》ちです。都合の悪いニュースはなかったことにする。マスコミの公開質問状ですら無視する。移り気な大衆はそのうち忘れるだろう……。ヘタに反論して議論をムシ返すことの方がまずいやり方なのです。こうして、ある種の情報をわざとドロップすることでも、事実をねじ曲げることができるわけです。

意図的な曲解の種類

省略は単に報ずべきことを報道しないということですが、時として他人の言葉や文脈をある種のテクニックを用いて、わざと曲解する場合があります。より積極的なごまかしのレベルです。

ＴＢＳが石原慎太郎《いしはらしんたろう》の発言テロップを一八〇度異なる意味にして流した事件は、単なる間《ま》違《ちが》いなのかもしれません。ただ何回も起こりますと、本当に単なる間違いなのか疑いたくもなります。単なる間違いはごめんなさいで済む。まあ少なくとも謝《あやま》る方が開き直ったり、無視するよりはるかに良いことだと思います。

意図的に言葉や文脈を曲解する手法（テクニック）には、ヴァリエーションがあります。思いつくままいくつか列挙してみます。

(A) 言葉尻《ことばじり》をとらえ、尾《お》ヒレをつける。
(B) 意図した批判トーンを評論家（御用《ごよう》学者）や読者（投書）にサポートさせる。
(C) ちょっとした矛盾《むじゅん》を大げさに言う（自身の矛盾は無視する）。

(D) 文脈の前後をカットし、異なる意味に変える。
(E) 反論を載《の》せない（無視する）。
(F) 質問はノラリクラリかわすか、反質問で答える（論点をずらしていく）。
(G) 例外的な事例を大げさに表現し、あたかも全体を代表するかのように報じる。
(H) 批判トーンをサポートしうる判例があれば、いいところだけ引合いに出す（それと反対の結論の判例は忘れたふりをする）。
(I) 子供や社会的弱者をうまく利用する。
(J) 相手が精査・反論できないタイミングで記事にする。

きりがないので、いちいち例を挙げることはやめておきますが、これらのテクニックは、マスコミ各社が多かれ少なかれやっていることです。最近、番組制作会社による捏造《ねつぞう》問題（「発掘！　あるある大事典」）が問題となりましたが、それを言うなら、占《うらな》い師が未来を予言したりする番組は、捏造でしょう。もしくは、宝くじに当たるジンクスとか、金運の上がる財布など、明白にウソの広告を載せたりすることを、もっと問題にすべきだと思います。

〈コラム〉 新聞の読み方

ＮＨＫはテレビのある家庭から、視聴料を徴収《ちょうしゅう》しているので定期的な収入がありますが、他の民放や新聞、雑誌などは自分で稼《かせ》がなくてはなりません。収入の主要部分を占める広告も、その放送番組や記事などが多数の人の目に触《ふ》れるという前提で成立しています。つまり売れなくては悪循環《あくじゅんかん》に陥《おちい》るため、売るためには少々下品なマネもしようという出版社が出てくるのは必然です。エラソーに政治批判をした次のページで、袋《ふくろ》とじヌードを出したり、アナウンサーの胸の大きさを比べたりしても、自己矛盾は感じないように編集人の人格ができあがっているわけです。マスコミは、売れる見出しを作るためには魂《たましい》でも売ります。これをまず知っておいてほしいと思います。ついでにもうひとつ。マスコミが広告で成り立っているということは、広告主の悪口を書きにくい、ということでもあります。これについては別の章で述べることにしましょう。

いわゆる五大紙と呼ばれる新聞があります。これらは比《ひ》較的《かくてき》マシで信頼があることは前に紹介《しょうかい》しましたが、この五大紙にもそれぞれの立場（と言うより、それぞれの哲学《てつがく》・主張）があ

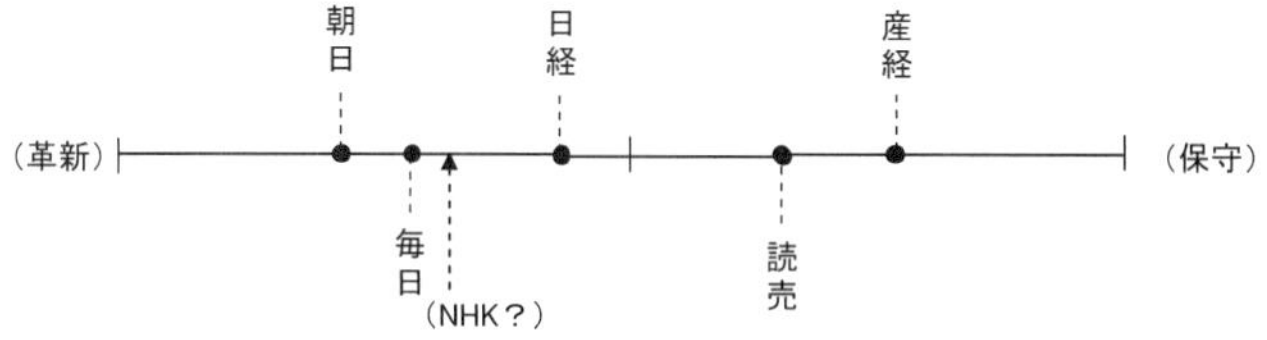

図 2-1　五大新聞の位置づけ

ることを知っておいて下さい。以下の図表はあくまで筆者の主観ですが、これら新聞の立場を今の政治分類に従って保守（右）から革新（左）のライン上に位置づけています。図２－１のようなものになります。

保守派の特徴は、伝統的価値観をより大切にし、現体制を維持《いじ》することを前提に改革の方向を決めます。政党でいえば自民党や公明党など、現在政権を担当している党のオピニオンを反映することが多くなります。逆に革新派は、もともと社会主義革命によって共産主義社会を作る目的を持っておりましたが、さすがに現代の革新思想がそこまで過激なことを求めているようには思えません。そうした過去の思想のうち、現代に応用すべきものとして、弱者の側に立った経済的公平性の哲学を教義とすることが多いようです。当然ながら資本の再配分をもっと進める政策を中心とし、政党で言えば、共産党、社民党、それに民主党の中の左派と呼ばれるグループがこれに相当するでしょう。

図に見られるように、左から朝日、毎日、日経、読売と続き、産経が一番右に位置します。実際は、このような単純な一元的分類では充分ではありません。しかし政治哲学的立場に関して言えば、こんなものでしょう。ＮＨＫは、毎日と日経の間で、どちらかと言えば毎日に近いと思います。

重要なことは、今後何かに興味を持って調べたいと思ったら——特に政治的フレーバーのあるトピックは——一方の偏った新聞に頼《たよ》らず、「バランス良く読んでほしい」、ということです。朝日か毎日を読んだら次は読売か産経、というふうに工夫《くふう》してもらいたいのです。そして両者を比べた上で、自分で考えてみてほしい。この「自分で考えること」はあえて強調しておきますが、リーダーになる必要条件です。これができない人間は使われる駒《こま》にはなれても、駒を動かす側の人間にはなれないのです。これは本当に本当です。

3　表現と誘導

特定の記事を載せるか載せないか、そのスペースの位置や大きさは？　といったことが決定するまでには、そのマスコミの哲学《てつがく》・思想が鍵《かぎ》になることを説明してきました。ここからは、ある記事を載せることを前提として、さてどうするかという問題です。マスコミが（特に新聞が）人々の意識を一定の方向に誘導する方法は、いくつもあります。特に紙面で使う見出し、写真、グラフや図などをうまく使用することで、場合によっては、一八〇度異なるイメージを与《あた》えることもできるのです。

見出し

ある法案に対し、人々の五〇％が賛成し、五〇％が反対しているものとしましょう。この状況を「〇〇法案、五〇％が賛成」と書くか、「五〇％が反対」と書くかによって、人々の受けるニュアンスはまったく異なります。普通《ふつう》は大きいほうの数値を見出しに示して、国民の多数派がどのように考えているかを表すべきだと思いますが、あえて小さな数値を示す場合もあります。たとえば、「自衛隊派兵反対が上昇！　三割超《こ》える」などと、変化のあとで見出しを作るケースです。むろん字の大きさや濃《こ》さ、太さなどは別の問題ですが、それもあります。いずれも、自分たちの主張したい方向に有利になるように、言葉やレイアウトを選択します。

大げさに表現するために、わざと虚仮脅《こけおど》し的な言葉を使用することもあります。実はそのために、わざとわかりにくくしているケースも多いのです。たとえば「ビール生産　大阪《おおさか》ドーム百十九杯《はい》分（産経二〇〇二年九月十三日）」という類《たぐい》の記事は、さっぱり意味をなさないと思います。記事を書く側は、「どうだ、すごいだろ」という感覚で書いているのでしょうが、読む側としては、大人一人につき「バケツ〇杯分」だとか、「大ビン〇本分」と書いてくれる方が、少なくとも実感できますからはるかにありがたい。

人間というのは、身近なものを尺度とする比較は判断できるものですが、あまりに大きな数字や、逆に小さすぎる数字は消化できないものなのです。破産した会社の借金が三億八千万円であろうと、一兆円であろうと、大きすぎてあまりピンと来ない。逆に所沢産《ところざわさん》のホウレンソウからダイオキシンが〇・七五ピコ・グラム検出されたとか（一九九九年二月のテレビ朝日のニュース番組）言われても、小さすぎて我々の理解範囲を超えているのです。テレビ朝日のホウレンソウに関する無責任なインチキ報道で、所沢の農民は大損害を被《こうむ》ったそうですが、その量だと半致死量《ちしりょう》を食べるのに、毎日ホウレンソウを一キロ食べてもぜんぜん足りない。しかも食べる側の人間の人体平均ダイオキシン濃度《のうど》は、もともとホウレンソウよりずっと高いそうです（池田清彦《いけだきよひこ》『環境問題のウソ』二〇〇六より）。このような体感しうる数字の大きさ、小ささを端的《たんてき》に表現した作品、漫画Ⓓを見ていただきます。

山林五千ヘクタールとか、資産三百億と言われても、理解範囲を超えてしまっていて、「へ〜」の世界でしかない。しかし、毎日駅からタクシーに乗ると言われると、途端《とたん》に実感が湧《わ》きます。この漫画のように「ひぇ〜」の世界になってしまうのです。驚《おどろ》くOLさんの表情がいいですね。

グラフとイラスト

歴史的な名著、ダレル・ハフによる『統計でウソをつく方法』には、グラフやイラストでウソをつく方法がいくつも紹介されています。A・K・デュードニーによる『眠《ねむ》れぬ夜のグーゴル』には、さらに手のこんだ手法がいくつも示されています。こうしたテクニックのいくつかを紹介しておきましょう。

まず、折れ線グラフや棒グラフの縦軸《たてじく》下部をカットし、スケールを広げるやり方がある（図2-2a）。ほんのちょっとの差を大げさに表現するためです。図に見られるように、実際のスケールでは、差はないに等しいのですが。

折れ線グラフは、横軸に時間（右に行くほど現在に近い）が来るケースが多いのですが、次

営業の大山さんって実家がすごいカネモチなんだって。
へー。
山林を5000ヘクタールも持ってるんだって。
へー。
資産が300億円だって。
へー。
だもんで毎日、駅からタクシーで帰ってるんだって。
ひぇーっ

漫画Ⓓ

の図2－2bに見られるように、突出した時間帯だけを取り出して強調する方法もあります。(左)のグラフは株の大暴落を示唆《しさ》していますが、(右)のグラフのようにもう少し広い時間軸で見ると、それほど大さわぎするようなものではないことが判明します。

図2－2cは、私が『「社会調査」のウソ』という本で紹介した、グラフとイラストをうまくミックスした例。投票率が上がると自民党や社会党（当時）が有利になり、逆に共産党が不利になることを示唆する記事で使用された図です。背景のアヤしげな雲を取り去ると、もともと右のような分布だったことが判るわけで、デスクに命じられてか、個人の功名心から、背景の雲を作った人間の苦労（アホな苦労だ）が偲《しの》ばれます。見出しが「投票率　各陣営が注視」というものだったので、こんなグラフが必要だった。だから作った、という安直な思惑《おもわく》が透《す》けて見える作品です。

図2－2dは、洗剤《せんざい》の広告で使用されたイラスト。A社の製品で洗うと、こんなにたくさんの皿が洗えますよ、ということを強調するため、あまり大きくない差を大きく見せるイラストを工夫したものです。広告は特に、この手のテクニックを競《きそ》う場となっておりまして、早く言えば何でもアリ。ないものをあるように、デタラメを真実のように、見せるのが仕事なのだと考えるべきでしょう。あるシャンプーを使うと、宣伝の女性のように髪《かみ》がキレイに

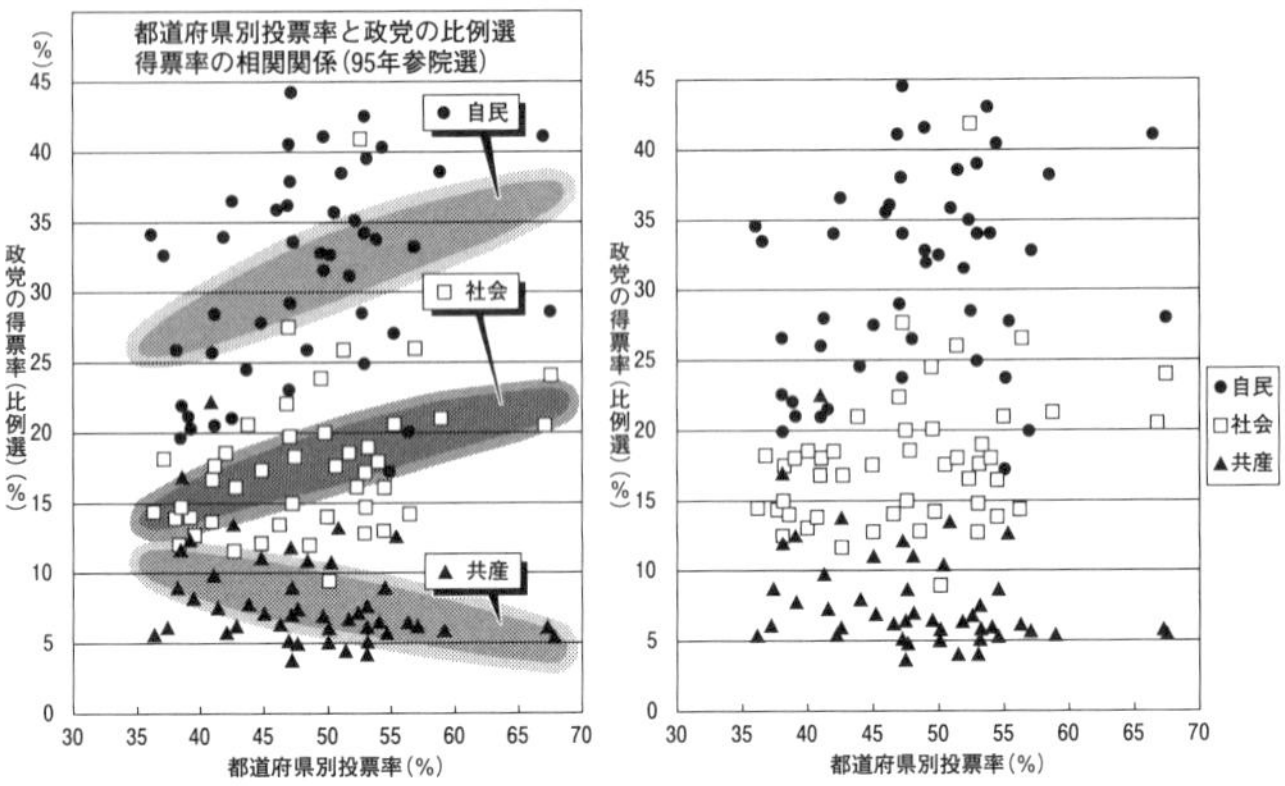

c　投票率と得票率の怪《あや》しい関係

d　差を強調する広告（A. K. デュドニー『眠れぬ夜のグーゴル』アスキー）

図 2-2　グラフやイラストでウソをつく方法

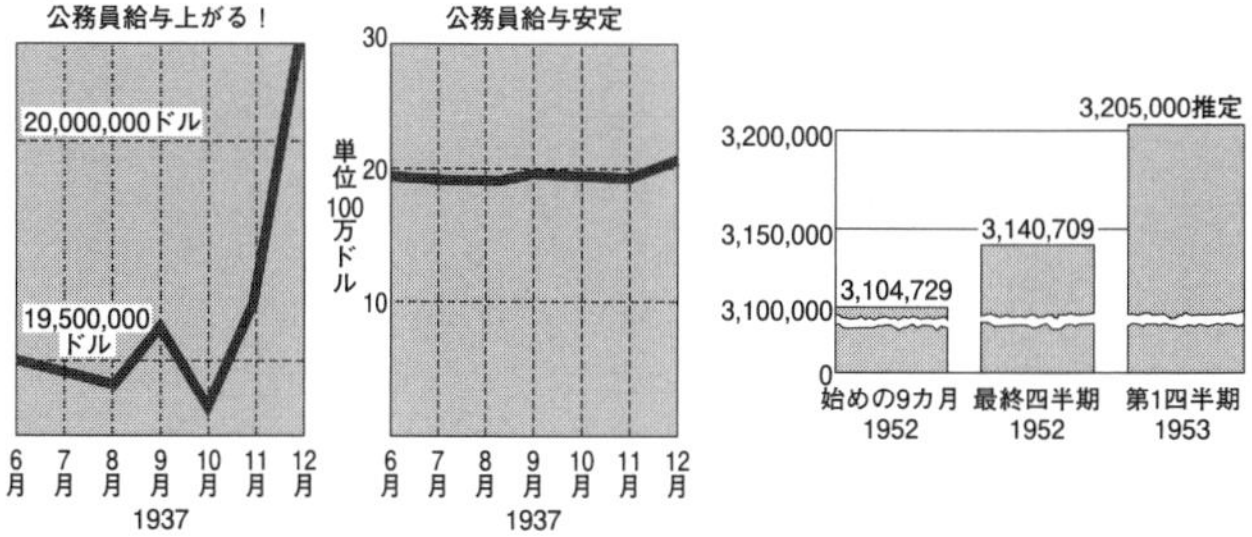

a（左）　公務員給与上がる？
（右）「コリヤーズ」誌の部数の伸び
（以上、ダレル・ハフ『統計でウソをつく方法』講談社ブルーバックス）

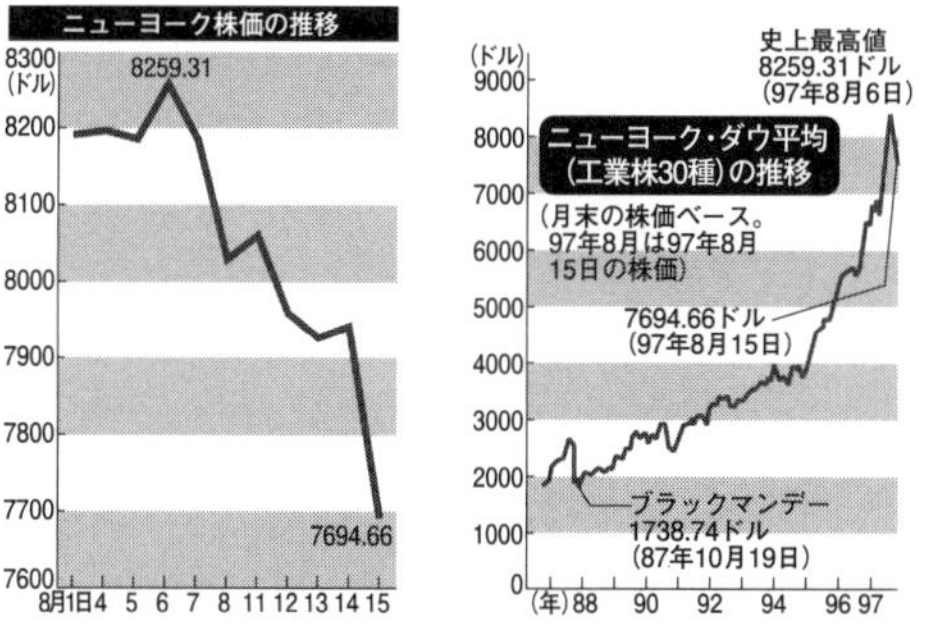

b（左）　朝日新聞 1997 年 8 月 16 日より
（右）　読売新聞 1997 年 8 月 17 日より

なるのではなく、髪のキレイな人を（モデルを）宣伝に使っていることぐらいわかりそうなものなのに、意外にわかっていない人が多いので、あえて広告のゴマカシも紹介することにしました。

グラフやイラストを使ったゴマカシは、まだまだヴァリエーションがありますが、とりあえず初歩的なテクニックをいくつか見てもらいました。あとは自分で判断していただくしかないでしょう。こうした判断力を磨《みが》くには、多くの例を見、そして自分で考えるくせをつけることしかないと思います。図やグラフを見たら、アラ探しをしてみることを勧めます。むろん、アラの無いものもあると思いますが、こうした訓練でだんだん見えてくるものも多いのです。

4　データの誤用と悪用

「データ」と言うと何かカッコイイものに聞こえますが、世の中、半分以上のデータは単なるゴミだと考えるべきです、と別の本で主張したことがあります。半分以上というのは好意に過ぎたと思います（本当は七～八割だと思う）。マスコミはよく、自分たちで集めたデータや、他人が集めてまとめたものを元に記事を書きます。いかにも公平で客観的に見せるためにデータを利用することが多いのですが、そこにも様々な思惑が働いているのです。

公平なふりをするためのデータ利用

まずは比較的罪の軽いものとして、「公平にやってますよ」というふりをするために、「皆様の声を聞いて決めました」というデータ利用があります。特に皆様に対し中立を約束しているNHKは、独断だという批判をかわす目的でよくこのやり方を使います。

「エビジョンイル」と、その独裁ぶりが批判を浴《あ》びたNHK前会長、海老沢《えびさわ》氏のスキャンダル（二〇〇四年頃《ごろ》）で、受信料不払《ふばら》い者が数万人に達したNHK。不透明《ふとうめい》と批判された年末の紅白歌合戦の出場者の半数を「皆様へのアンケート」で決めることにし、その結果を発表しました。どんなやり方をしたのか知りませんが、三千六百人に聞いた結果、男性が一位氷川《ひかわ》きよし、二位　SMAP、三位　北島三郎《きたじまさぶろう》、四位　五木ひろし……（以下略）、女性が一位　天童よしみ、二位　宇多田《うただ》ヒカル、三位　柴咲《しばさき》コウ、四位　坂本冬美……（以下略）というものだったそうです。

ランキングが発表されてすぐ、週刊新潮（二〇〇四年十一月十一日号）は「『一位・天童よしみ』に誰《だれ》もがのけぞった『NHK紅白』世論調査」という記事を出し、調査内容への疑問を呈《てい》しました。同日に発表された週刊文春は、さらに進めて独自の調査結果を併《あわ》せて載せ、新潮と同じくNHKの調査を嗤《わら》いとばしているのでした。文春の調査の方が公平だとは限りませんが、NHKの場合、無理して「皆様の意見を参考にするふり」をするから見苦しい結果になるのだと思います。そんなものは自分たちの意志で決めればよいのです。

発表の鵜呑《うの》み

マスコミがタレ流すゴミの中には、世の中の研究者やその予備軍、もしくは官公庁が発表したものをそのまま記事にしたものがあります。ここにおける問題点は大きく分けて次の二つです。

①「方法論の問題」…そのデータの元になる方法論の欠点を無視しているか、もしくは理解できていない。

②「記事の取捨選択」…自分たちの主張に合った発表は記事にするが、それ以外のものは無視する。

前にも述べたように、世の中には測定できない事象や概念《がいねん》が存在します。たとえば厚生労働省が集計し、発表した「ホームレスの数、二万五千人（二〇〇三年三月）」という数字は、ほぼすべての新聞でそのまま発表されましたが、ここで考えていただきたい。あなたなら、どうやってホームレスの数を確定するでしょうか。むろん厚労省の役人のように尋《たず》ねる側ではなく、数を報告する側の各市町村の担当者として考えていただきたい。たぶん、公園や川辺りでテントを張っている人々を探したり、ボランティア・グループに尋ねたりすることでしょう。しかしそれでホームレスの数が本当にわかるのかどうか。特定範囲の野宿者数と、ホームレス（見えない所にひそむケースも多い）とは、イコールではないはずです。

まあ、これはあとで触れるように数える定義の問題ですので、各地の集計方法が同一ならば、問題は言葉、つまり使用する用語の定義に過ぎません。役所として、何らかの数値を（実態を）把握《はあく》しようとする努力は理解できることです。筆者が求めたいのは、各新聞社に対して、方法論を理解した上で記事にしてほしい、わからないなら厚労省に質問してほしいという望みなのです。

勝手な解釈《かいしゃく》

当局の発表の鵜呑みで危険なことは、当局の解釈まで記事の見出しになってしまうことです。記者は方法論を理解した上でさらに、その解釈レベルまで踏《ふ》み込《こ》んで、発表者側に質問の形でツッコミを入れてほしいのです。

だいたいにおいて、何らかの現象が急減したり、急増したりすることには、明確な原因があるものです。たとえば何の理由もなしに犯罪が急増したり、検挙率が急低下するものではないと普通は考えるものです。二〇〇二年度版犯罪白書によると、二〇〇一年の一般《いっぱん》刑法犯(交通関連を除く)は急増し、逆に検挙率は一九・八%と前年に比べ急低下しました。この一九・八%という数字は、先進国でも最低レベルであるとのことです。これを受けてメディアが、「急に社会のモラルが低下したのだ」とか、「学校教育が悪くなった」とか、「親の躾《しつけ》が……」とか、いろいろな解説をこじつけるのを見聞きしましたが、それらは「去年から今年にかけてマクロレベルで急に変化する原因とはなりえない」ことはあまり指摘《してき》されていません。「何の原因もなく急激に社会が凶悪化《きょうあくか》することなどありえない」ことに気がつけば、そこには何らかの人為的な理由があると考えるのが自然でしょう。ちょうど良い機会なので、二〇〇〇年から二〇〇一年にかけて、刑法犯などの検挙率が急低下した理由を考えてみて下さい。

この答えを示す前に、もう一度確認《かくにん》しておきたいことは、一年単位で急変するような統計には、それなりの理由を考えるくせをつけてほしいということです。たとえばドメスティック・ヴァイオレンス（DV）と呼ばれる家庭内暴力は、ここ数年、倍、倍、と増えています。少なくとも統計値では。これは、家庭内で妻を殴《なぐ》ったり蹴《け》ったりする男性が増えているのではなく、被害《ひがい》を受けている女性たちが「DVは犯罪である」ことを知り、そしてより多くの者が相談できたことによるものであることは、少し考えればわかるはずです。筆者が専門のひとつとするギャンブル学の分野でも、カジノが建設された地域のギャンブル依存症患者《いぞんしょうかんじゃ》が統計的に急増していることを声高に叫《さけ》び、カジノに反対する人々がいます。これは考えてみるとあたりまえのことで、現在のカジノは、「依存症のホットライン」や「相談所」の案内をよく見える場所に掲示《けいじ》することが義務付けられているからだと考えられます。それまで自分が病気だと認識していなかった人、病気だと知っていてもどこに相談してよいかわからなかった人、もしくはそうした人々の家族や友人が、そのホットラインや相談窓口に来る。当然のように統計値は急増するのです。むろん、カジノ新設によって新たにギャンブル依存症になった者も少なからずいると思います。しかし急増分すべてをカジノの責に帰することは、明らかな間違いでしょう。DVの統計が増えることは、それまで不当な我慢《がまん》を強《し》いられてきた人々が、水面上に出てきたことを示すわけで、プラスの側面と見るべきです。ギャンブル依存症の統計上の急増も、マイナスばかりではないことに気をつけなければなりません。同じ統計値でも、解釈する人間によって、その意味は変化するのです。

検挙率急低下の理由

この問題は難問なので、すぐ解答を示しましょう。

一九九九年に起こった「桶川《おけがわ》ストーカー事件」というのを覚えている人はいるでしょうか。ストーカーに追われていることを何度も警察に相談したにもかかわらず、まだ何も被害がないという理由で動いてもらえなかった。そうこうするうちに、若い女性が殺人の被害者となってしまった事件です。このあとマスコミを始め、世間が警察を批判し続けたのは当然で、新しく就任した警察庁長官は、ある決断をしたのでした。その決断とは、各地方の責任者を集め、今後は直接の被害が現出していない些細《ささい》なケースでも、人々の相談にのり、捜査《そうさ》をスタートさせるという方針でした。その結果、同年まで三十四万件前後でずっと横ばいだった安全相談件数が、二〇〇〇年には七十四万件、二〇〇一年には九十三万件と急増したのです（龍谷《りゅうこく》大学、浜井《はまい》浩一《こういち》教授の示唆による。図2－3の下のグラフ）。

相談件数が増えますと書類上の認知件数も増える。しかもその増加分は、具体的被害がな

暴行・傷害の認知件数・検挙率の推移

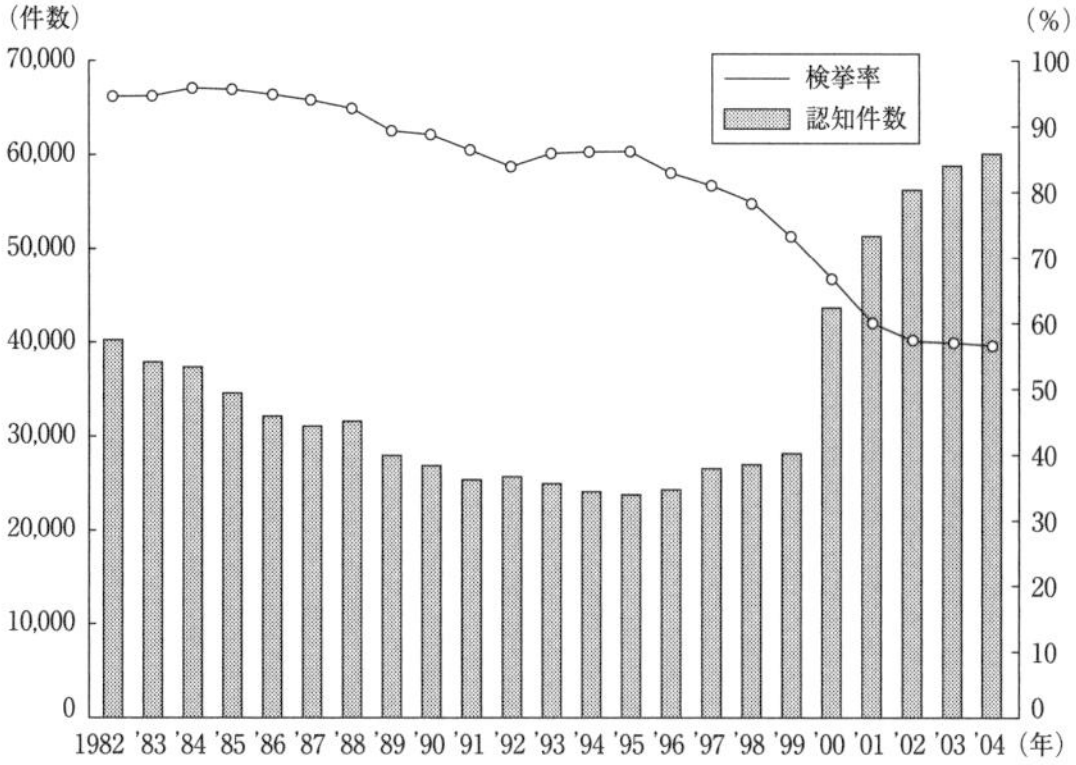

出典) 警察庁の統計による

警察安全相談件数の推移

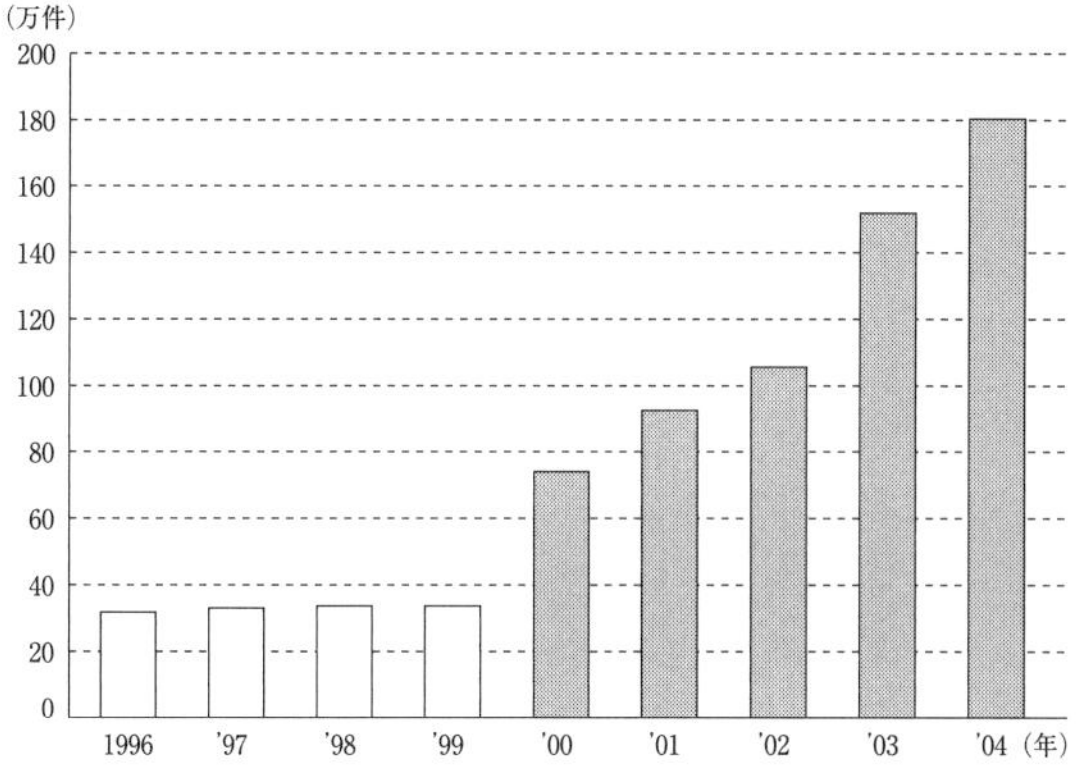

出典) 警察庁の統計による

図 2-3 犯罪統計はどのように読むべきか

いがゆえに犯人がわからないケースが多く、当然のように解決（検挙）に到《いた》ることはできません。加えて、些細な犯罪を受理すれば仕事量が増え、同じ人員では仕事の質が低下していきます。桐蔭《とういん》横浜大学の河合《かわい》教授はさらにこう指摘します。「仕事が増加し、多忙《たぼう》になった結果として、窃盗《せっとう》犯人の余罪追及《ついきゅう》をやめるケースが多くなった」と。これまで警察は、ある手口の窃盗犯が逮捕《たいほ》されると、類似《るいじ》手口の残りすべてのものも立証しようとしてきました。しかし多忙のため、裁判に耐《た》えうる何件かが立証できればよし、とする考えが増えたと言うのです。

他の要因として、外国人の犯罪が増えたことによる言語の壁《かべ》もあります。また保険制度の発達による器物損壊事犯の増加もあるでしょう（被害を届けないと保険が支払われないため）。自転車盗の急増は、自転車番号登録制度と保険の適用がスタートしたことが、ほとんどの原因であって、盗《ぬす》まれる自転車の台数は（つまり実態は）ほとんど変わらないと考えてよいのです。こうしたいくつもの理由が重なり、犯罪の増加や検挙率の変化となって表れたのであろうと考えられますが、急低下したいちばんの理由は最初に説明したストーカー事件による対応の変化でしょう。

後づけ理論の危《あや》うさ

この検挙率急低下の理由は、率が下がる前に考えられたわけでなく、後からそれらしい理由を考えた結果です。これは第一章で説明したように帰納的な方法論であって、未来の予測を含む(演繹《えんえき》的な)一般的法則によるものではないことにここで注意してほしいのです。つまり、検挙率の低下に対し、筆者がもっともらしい理屈《りくつ》をつけただけのことであって、読者の皆さんに確認しておきたいことですが、「こんな理由づけを頭から信用してはならない」のです(むろん今回の例は、たぶん核心《かくしん》をついているとは思いますが)。

いしいひさいちの漫画Ⓔをご覧いただきたい。いかにもアメリカの強弁的こじつけ(「オレがスタンダードだ! 文句あっか」)で、死んでいる人間をゲリラ、死んでいないのを一般住民と決めている報道官が登場します。ここでは、ゲリラか否《いな》かはアトで決めただけのことで、事前に決まっているわけではありません。ゲリラを攻撃《こうげき》するつもりで一般人を巻《ま》き添《ぞ》えにするたびに、「ゲリラ基地で助けていた人々や、匿《かくま》った人々も同罪」などと開き直る発表を繰り返す国に対するものでしょう。つまり後からつけた、「ポストホック」な定義によって自らの攻撃を正当化しようという、アメリカの態度をヒニクった漫画だと考えて下さい。

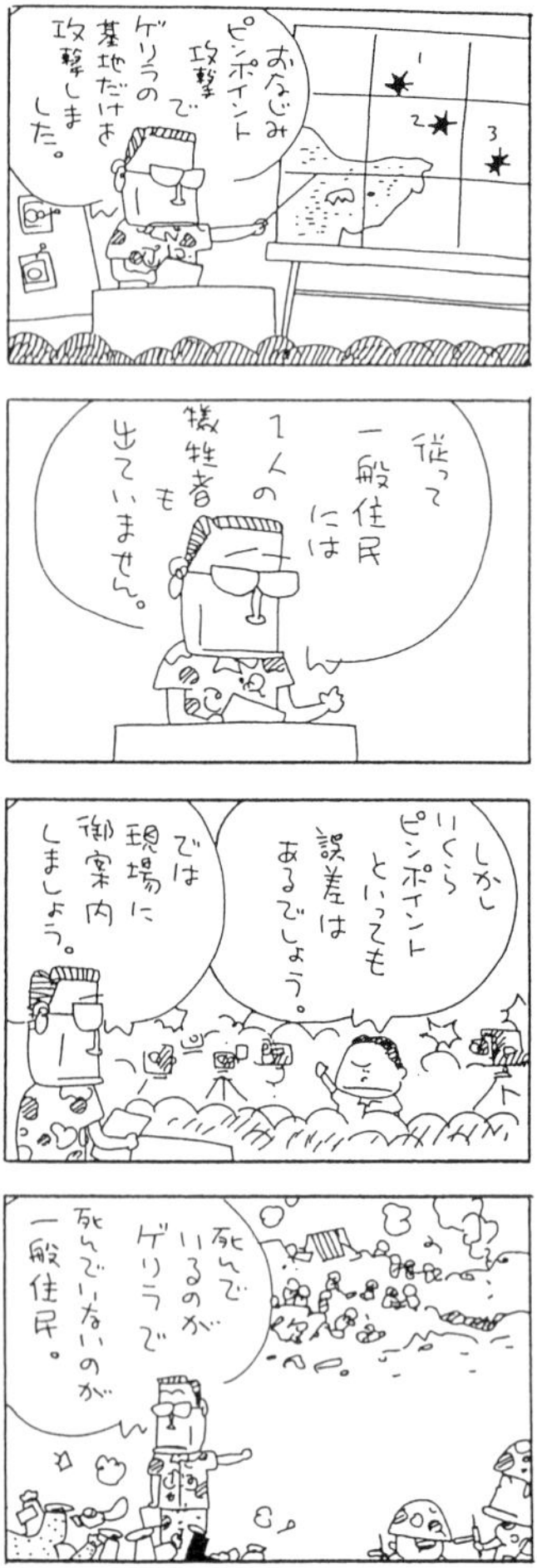
おなじみピンポイント攻撃でゲリラの基地だけを攻撃しました。
従って一般住民には1人の犠牲者も出ていません。
しかしいくらピンポイントといっても誤差はあるでしょう。
では現場に御案内しましょう。
死んでいるのがゲリラで死んでいないのが一般住民。

漫画Ⓔ

ちなみにゲリラ基地が攻撃されるたびに「死んだのは子供と病人と女性」などと、少々味付けをした影像つきで発表する側もおります。まあ、いい勝負ですね。

アメリカに限らず、自分の都合のよい解釈だけを、アトから勝手に理屈づけて発表（というより強弁）する手法は、アジアの近隣諸国が有効な外交手段としてよく使用しますが、日本とて多かれ少なかれ（国レベルとは限らず、会社などでも）似たようなことをしていることを忘れてはなりません。ここで例を示すことは難しくありませんがやめておきます。この一年くらいの事件で、ポストホックの誤謬《ごびゅう》を犯してしまった事例をいくつか自分で考えてみて下さい。むろん訓練のためです。

5　相関と因果

重要なことなので、あえて確認しておきます。「相関関係（correlation）」と「因果関係（causality）」とは、よく混同される概念ですが両者は同じではありません。まず両者の定義を見てもらいます。

☆　相関関係…変数の一方（イ）が変化するとき、もう一方の変数（ロ）の変化がランダムでない関係（または同じことだけど、変数ロが変化するとき、変数イの変化がランダムでない関係）。〔記号でイ↕ロのように、両方向の矢印を使用する〕

☆　因果関係…変数の一方（イ）の変化によって、もう一方の変数（ロ）の変化を引き起こす関係。つまり変数イが原因で、変数ロが結果。〔記号でイ↓ロのように、一方向の矢印を使用する〕

相関関係と因果関係の違いをわかりやすく説明すると、因果関係の変数イ、ロは、時間的にイがロに先行しますが、相関関係ではどちらが先かわかりません。イがロに先行するかもしれないし、その逆かもしれないし、はたまた同時かもしれないのです。

「（統計学上有意な）相関関係が存在する」ことは、因果関係の前提です。つまり有意な相関関係は、因果関係があることの必要条件となります。逆に言えば、相関関係がある、というだけでは、因果関係についてはまだ何も言えません。

さて、これはむかし別の本で説明したことですが、大切なことなのでもう一度同じテーブルを見てもらいます。変数イとロの間に今、統計的に有意な相関関係があるものとします。つまり「イ↕ロ」が成立しています。この時、イとロの間には、次の図2－4のような九つ

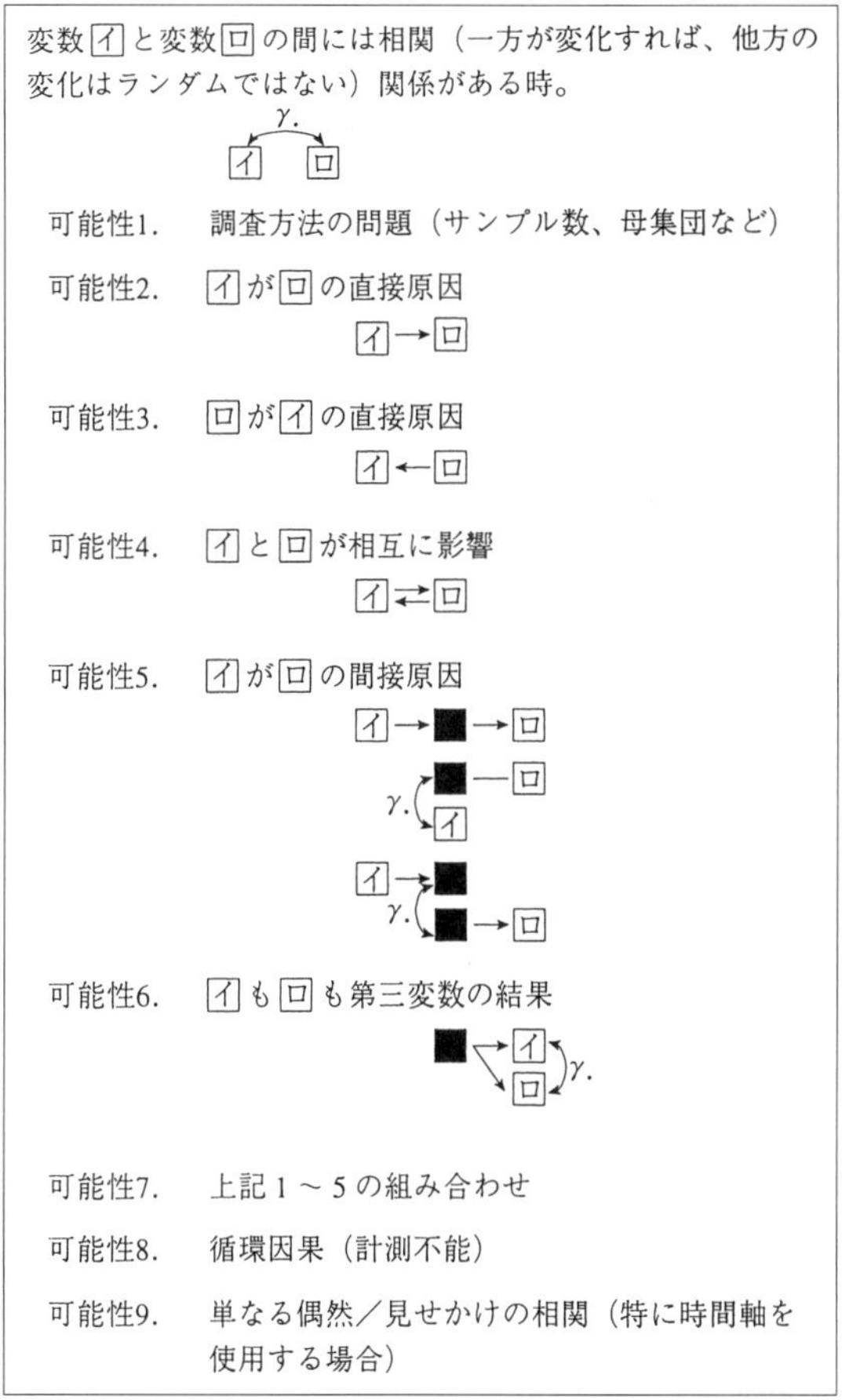
変数イと変数ロの間には相関（一方が変化すれば、他方の変化はランダムではない）関係がある時。
γ.
イ
ロ
可能性1.　調査方法の問題（サンプル数、母集団など）
可能性2.　イがロの直接原因
イ→ロ
可能性3.　ロがイの直接原因
イ←ロ
可能性4.　イとロが相互に影響
イ⇄ロ
可能性5.　イがロの間接原因
イ→■→ロ
γ.
■—ロ
イ
イ→■
γ.
■→ロ
可能性6.　イもロも第三変数の結果
■
イ
ロ
γ.
可能性7.　上記1～5の組み合わせ
可能性8.　循環因果（計測不能）
可能性9.　単なる偶然／見せかけの相関（特に時間軸を使用する場合）

図2-4　相関関係と因果関係（モデル）

の可能性があります。

「第三の変数」に関する例題

「第三の変数」と言われても初めて登場する概念でちょっとややこしい。わかりにくいと思いますので、いくつかの例を示しておきましょう。問題形式にしますので、皆さんも考えてみて下さい。

例題1「日経読者の内定率」

図2-5は、二〇〇三年一月二十四日、実際に日本経済新聞(夕刊)に出た一面広告です。二〇〇三年三月卒業予定者の内定獲得率《かくとくりつ》を日経閲読者《えつどくしゃ》と、そうでない人について比較しています。広告によりますと日本経済新聞を読んでいる人の方が、社会人として身につけるべき情報を取得しており、その結果、内定をもらえる可能性が高くなるというものです。それでは問題です。あくまで、広告の主張するような因果関係があるかもしれないことは認めつつ、他の可能性を考えて下さい。

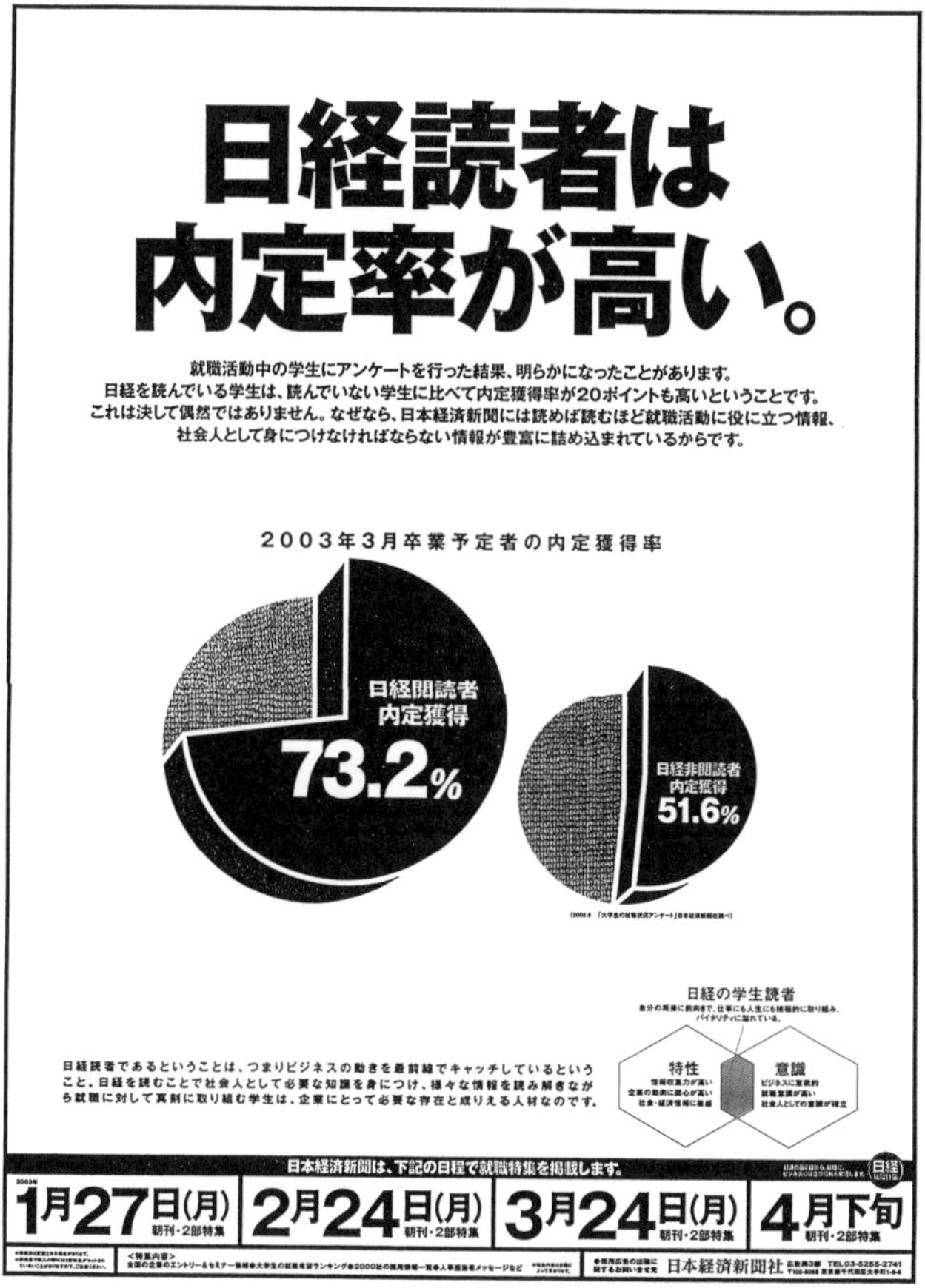

図 2-5　日経読者の内定率の高さを謳《うた》った広告（日本経済新聞 2003 年 1 月 24 日より）

解答1

「日経新聞」と就職活動中の学生のうち「内定」をもらった人の間に、相関関係があることは確かだという前提からスタートします。本当は、リサーチの方法（質問用紙やサンプリング）が記載《きさい》されていませんので、この前提を鵜呑みにすることは危険です。

「日経新聞」と「内定」の間に統計的に有意な相関がある場合、第三の変数が存在しないなら、可能性として、（広告が主張するように）「日経新聞閲読者《えつどくしゃ》」であることが「内定」の直接原因であることは充分ありえるでしょう（図2－4の中の可能性2）。「可能性3」の逆の因果だと、「内定」をもらったがゆえに、（これから社会で働く意識が向上するなりして）日経新聞を取りはじめた、ということになりますが、少々こじつけ気味でしょう。

さて、日経新聞をいつも読むのはどういう人々でしょうか。まず自宅で購読している人、つまり「日経新聞を取っている家庭に住んでいる人」が大多数ではないでしょうか。ここまで書くと、ハハーンと考える人もいるでしょう。日本の家庭において、日本経済新聞を取っている家庭は、わりと社会的地位の高い家長（ふつうは父親）が存在するケースが多いことは想像できると思います（むろん、他の新聞を取るケースや、そもそも新聞を取っていないケースと比較した平均としての話で、常にそうだと言っているのではありません。念のため）。逆から

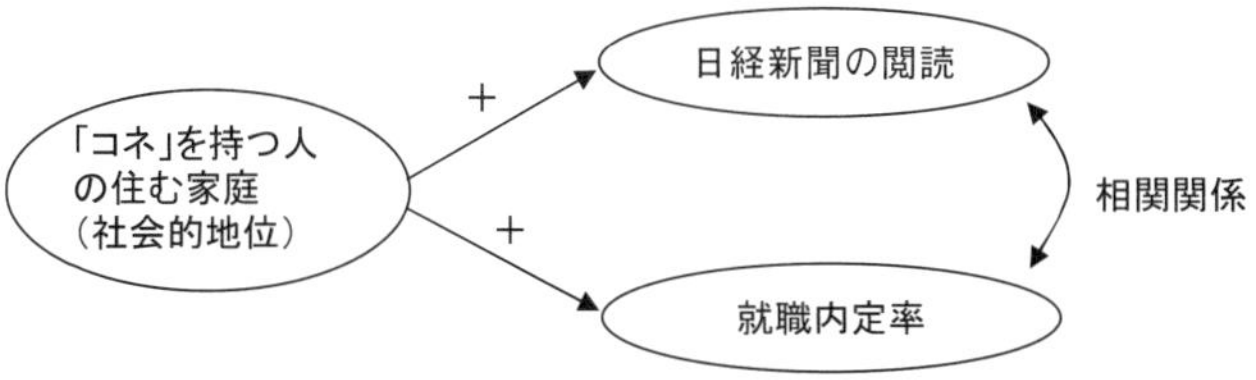

図2-6　第三の変数としての「コネ」

考えるなら、社長や部長など、企業《きぎょう》で高い地位にいる人は、まず日経新聞を読んでいるものなのです。

今の日本社会で、就職に有利な条件として（誰が否定しようが）存在するのが「コネ」。特に不《ふ》況下《きょうか》の世の中において、コネを持つのは、大金持ちや社会的地位の高い人々です。これを因果モデルで示しますと、図2－6のようになるでしょう。

広告の円グラフの差の多くは、たぶんこの第三の変数「コネ」によって説明されるでしょう。これは前に示したテーブル（図2－4）のうち、「可能性6」の「イもロも第三変数の結果」にあたります。これが私の解答でした。

とても重要なことを書きます。「これが私の解答でした」というのを見て納得《なっとく》した人は、まだ修行《しゅぎょう》が足りません。この本が目的とするところは、誰がなんと言おうと、自分で考え、疑い、そして他の可能性を求める人間になることで、その意味で、「他に可能性はないか」と考える人間になってもらいたいのです。

たとえば、「文字を読む習慣を持つ人」とか、「(日経新聞に限らず)新聞の好きな人」といった変数を図2-6の「『コネ』を持つ人の住む家庭」の代わりに置《お》き換《か》えてみましょう。つまり内定率の良い人を中心に考えるのではなく、こういうふうに考えるのです。「内定率が良くない人の理由は何か」と。そうすると、日経新聞に限らず、まったく文字を読む習慣のない人々(集団)が世の中に存在するのではないか、という思考過程になるかもしれません(実際にそのような集団は少なからぬ割合で存在するのです)。そしてその人々の内定率は、残念ながらあまり高い平均ではないだろうな、という仮説ができるのです。仮説は少々こじつけ気味でも、強引《ごういん》でも構いません。問題は「可能性を考える」プロセスにあるのです。

例題2「数学を履修《りしゅう》していた人の年収」

報じられたいくつかの記事(週刊「教育プロ」二〇〇二年六月十一日号、読売新聞二〇〇一年七月十八日、産経新聞二〇〇二年五月二十八日・六月十五日、週刊新潮二〇〇二年六月二十日号、週刊朝日二〇〇二年七月五日号など)によりますと、京都大学の西村和雄《にしむらかずお》教授の論は、次のように要約されるでしょう。

大卒者（京都の私立大三校の経済学部）の平均年収を比較すると、高校時代に数学が得意だった、もしくは大学受験用に数学を勉強していた人の方が、そうでなかった人より高かった（特に私大文系志望者が数学を履修する必要のなくなった、共通一次世代よりあと〔一九七九年以降〕では、その格差は広がった）。若いうちに数学を学んだ人ほど高所得者となっているようだ。

実際に、数学を履修していた人の方が年収が高い、という事実が存在するものとして、その理由を考えてみて下さい。

解答2

まず初めに申しあげておきたいのは、（データを回収するまでの技術的な点はさておき）「年収」を変数として質問票を作ることの不安定さについてです。年収は人によっては聞かれたくない質問（「sensitive question」：「繊細《せんさい》な質問」の意）ですので、回答しない人やウソをつく人が多くなりがちです。また、たまに年収十億円などというウソかホントか、とんでもない答えをする人もおりまして、千人程度の有効回答数ですと、すぐ百万円くらい平均値を上昇させることになりますから、注意が必要です（こんな突出した例外は、「はずれ値」として分析《ぶんせき》から省略するケースが多くなります）。ましてや、郵送法による三〇％程度の回収率のデータでは、かなり不安定なものとなるでしょう。

「平均」というのがまた曲者《くせもの》で、正規曲線に近い分布の平均なのか、格差の大きな分布の平均なのかはわかりません。この例題の解答としてはあまり関係がないかもしれませんが、「年収」に気をつけるようとりあえず指摘しておきます。

数学ができると、なぜ年収が高くなるのでしょう。西村教授は次のように説明します。「数学学習をすると、職種や仕事内容における選択肢《せんたくし》が増えることで、平均的には所得が高くなる（産経新聞、二〇〇二年六月十五日）」、さらに「推測ですが、論理的思考ができる人は社会で広く必要とされるのではないでしょうか（朝日新聞、二〇〇五年四月十一日）」とも述べている。そして結論的に「すなわち基礎的《きそてき》な数学力を身につけた者が、生涯《しょうがい》にわたってより高い所得を獲得している」ことが明らかになったと（西村和雄先生の研究グループが）述べているわけです（週刊教育PRO、二〇〇二年六月十一日号より）。

確かにその可能性もありましょう。ただ筆者の持つ疑問は、こういうものです。「共通一次のために数学を勉強していた人は、第一志望として国立大学を狙《ねら》っていた人が多いのでは

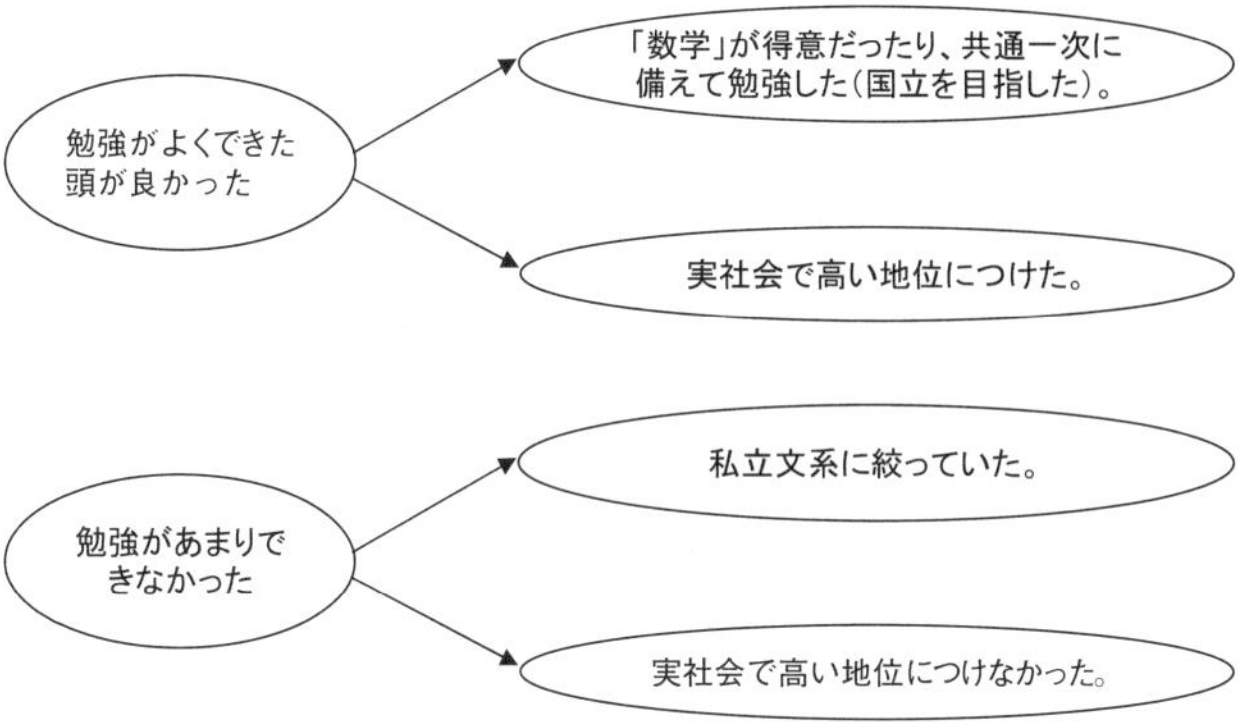
勉強がよくできた
頭が良かった
「数学」が得意だったり、共通一次に
備えて勉強した（国立を目指した）。
実社会で高い地位につけた。
勉強があまりで
きなかった
私立文系に絞っていた。
実社会で高い地位につけなかった。

図 2-7　第三の変数としての「成績」

ないのか。結果的に二次志望以下の私立大学に入っただけではないのか」。共通一次がスタートする前と後で、数学を履修した人と、そうでない人の年収の差がある（若い方が格差が大きい）ことは、西村教授らの言うように、共通一次の時代より、私立大学の文系受験者には数学がまったく不要になり、論理思考のできない人間が社会に出て低い所得しか得られなかった結果かもしれません。むろんその可能性は否定しませんが、賃金体系や人口ピラミッド、また社会の経済動向など、若者の間で所得格差が広がっている理由は他にもありえるでしょう。例えば、今の二十代、三十代の人々の親は、それ以前の世代より高学歴ですので、自分の子供を大学に行かせたいと考える傾向は強まっています。これによって進学率は上昇し、受験生の学力の質的な差は大きくなるはずです。受験のために数学を切り捨てた人も少なくないと思います。そして筆者が考えるように、もともと国立大学を目指していたグループと、私立一本に絞《しぼ》っていたグループとでは、基礎学力にかなり差があった可能性も低くないと思うのです。

この疑問を図示すると、図2-7のようになります。

数学が苦手だった人に多いタイプは、まったく勉強嫌《ぎら》いの人や、もともと勉強に向いているとは思えない（失礼ながら教養に欠けた）人が多かった、という感覚があります。つまり、国語や社会は得意というほどではないが、まあまあだったという人で、どうしても大学に行きたい人は、私立の文系を受験することが多かったよな、ということです。ここにおいて私が言いたいことは、数学を受験科目として勉強したから出世が早かったとか、所得が高くなったという可能性より、出世したり所得が高くなるような素養（つまり、わかりやすく言えば本質的な頭の良さ）を持った人間が、受験のために数学を勉強することになったのでは、という可能性です。

いずれにせよ、西村教授の研究グループの結論は早すぎると思うのです。むろん記事にしたマスコミが、早まって筆足らずの説明をしたのかもしれません。しかし少なくとも多くの報道を見るかぎり、数学をやっておけば年収が高くなるようなトーンになっているので、あえて例題として出しました。別の因果の可能性もあるのだと。

話は変わりますが、実を言いますとわたくし、西村教授を尊敬しております。特に文部科学省が進めてきたゆとり教育に対する論調には大賛成で、小さい頃からもっと数学や理科の充実した教育が必要だとする意見にも、完全に同意します。ただ、大学受験用に数学を学ぶか否かよりかなり前に、幼少の頃の躾や教育によって、将来の年収平均の差が起こっているのではないかな、と思うだけなのです。

〈コラム〉　研究者の思い込み

研究者と言えどトンチンカンなモデルを頭から信じ、他の可能性が見えなくなる人は少なくありません。「はじめに」でも紹介しましたように、時間軸を横軸にとって年毎の変化をグラフにしたりする場合、たまたま変化率が「同調（または逆の動き）」を見せることはよくあることで、自分の仮説であっても、まず疑い、別の角度でもう一度因果モデルを考えるこ

この石造り遺跡にはすばらしい古代人の土木技術が生かされていてね。

千数百年を経た現在までこのような完全な形で残っているというのもうなづけることなんだ。

ええボクもこの発掘に参加して以来驚きの連続なんです。

特にここなんか構造的にまったくムダがないんです。

そうなんだ。6対31の比率でGが放散されているんだ。スゴイねえ。

力学的に見事に合理的なんだ。

たまたま見事に合理的だったやつだけ残ってんじゃないんスか?

しー

漫画Ⓕ

とが必要なのです。次の漫画Ⓕは、そういう例のひとつです。

教授とその助手らしき人々が、発掘《はっくつ》現場で交《か》わす会話を読むと、この人たちは「古代人のすばらしい土木技術」がスタート地点の仮説としてあるようです。「力学的に見事に合理的なんだ」と話すエライ人に対し、本質をついた疑問を投げかけるのは、学問にあまり向いてそうもないアルバイト学生。この対比が妙《みょう》で、漫画のおもしろさを倍増させています。

言うまでもなく、これは逆の因果の例ですが、我々もよく同様の勘違《かんちが》いをしでかしているものです。むかし、連合軍の戦闘機《せんとうき》スピットファイアが独軍のメッサーシュミットにバタバタと撃《う》ち落《お》とされ、命からがら帰ってきた機体のダメージをたくさん調べた将軍がいたそうです。そして尾翼《びよく》のダメージが特にひどいことを発見。本国に「スピットファイアの尾翼を強化するように」と打電したそうな。幸い、本国には脳ミソのシワのちょっと多い人がいて、こう返事がきたという。「尾翼をやられた戦闘機は一応帰ってきたのではないのかね。他の場所を撃《う》たれた機が帰ってこなかったとすれば、強化するのは別の所ではないのかね」と。この漫画のように、残ったものだけを見て因果モデルを仮定してしまったひとつの例です。サンプルの段階でセレクトされたもの。つまり結果がサンプルだったわけです。

最近ではマスコミがよく取り上げる、「震災《しんさい》から⁉年、暮らし悪化が増加」とか（復興住宅に住む人を中心にサンプリングしているため、他に移った人や、職を得た人たちではなく、残された人々の意見となる）、ある大学の「平和学」を履修している学生にアンケートをして「九割の学生が『米のイラク攻撃ではテロは絶てない』と考えている」とか（朝日新聞二〇〇二年十月二十日）いった例がこれにあたります。

第三章　実際にデータを分析《ぶんせき》してみよう——カフェインと心臓の健康度

社会科学方法論のプロセスを理解する早道。それは自分でトピックを考え、調査を企画《きかく》し、データを集め、分析してみること。そしてそのプロセスを自分で文章（論文）にまとめてみることです。「いかに考えるべきことが多いか」は、実際やってみないとわからないものなのです。

この章では、データを分析するプロセスのうち、あまり教科書などで触《ふ》れられていない部分を実際にやってみることにしました。「データ分析」と言っても、そもそもデータがどんなものか、分析とはどんな行為《こうい》を意味するのか、といったことを知らない人が多いと思うからです。ただし、データを集めるプロセスは省略してありますので、データをどう集めるべきなのか（そしてどうやったらダメなのか）ということを勉強したい人は、別の著作や参考書を読んで下さい。

1　トピックと仮説

まずトピックは、「カフェインの摂《と》りすぎは心臓に悪いのか」ということにします。このままでは抽象的《ちゅうしょうてき》すぎますので、具体的に検証しうる仮説として、「コーヒーを飲まない人（一日に一杯未満）」や「コーヒーを適量（一〜三杯《ばい》未満）飲む人」に比べ、一日に「コーヒーを三杯以上飲む人」は、心臓の健康度が低下する（問題を抱《かか》えている割合が高い）、ということを統計学的に調査することにしました。

☆トピック…「カフェインの摂りすぎは心臓に悪いのか？」

☆実行仮説…一日に「コーヒー三杯以上飲む人」は、「コーヒーを飲まない人」や「コーヒーを適量（一〜三杯未満）飲む人」に比べ、心臓に問題を持つ割合が高い。

文献《ぶんけん》研究作業

本来なら、こうしたトピックや（実行）仮説が作られる前に、過去の文献や論文を検索《けんさく》・収集し、同様の、もしくは類似《るいじ》の研究結果がなされていないかをチェックする必要があります。こうしたチェックを文献研究作業と呼んでいますが、トピックを思いついたら、何か事を起こす前に必ずやってみるべきです。理由は次に述べるようにいくつかあります。

まず、やろうとしているトピックは、すでに誰《だれ》かが結論を出してしまっているかも知れません。同じ仮説の調査でも追試として行うことはありますが、追試だと認識《にんしき》してやるのと、自分のオリジナルだと思ってやるのとでは、目的からして異なります。お金と時間の無駄《むだ》は避《さ》けるべきです。

文献研究作業を欠かしてはならないもうひとつの理由は、過去に調査した人の思考過程が大きなヒントになるからです。類似の研究において、その著者は、アンケートを取る段階でこんな失敗をした（こうすべきだった）という反省を書き記しているかもしれませんし、次に行う時はこんなことをしたい（たとえば新しい変数の可能性を示唆《しさ》）と述べているかもしれません。むろん採用できるアイデアは借りればよいのです。ただし、そのアイデアが誰のものかを明記することは、モチロン忘れないで下さいよ。

もうひとつあります。それは殆《ほとん》どの論文に記されている参考文献（たいていは、論文の最後にまとめてあります）を知ることができる点です。現在はネット上にかなりの情報が存在しますが、こうした付録の参考文献には、通常の検索で知りえない情報が載《の》っていることがよくあるのです。その中には、読みたいと思っても決して手に入らないものもありますが、多くの場合、本人や本人の所属する研究機関を通じて入手できるものです。そしてこれが重要なことなのですが、ネットで入手できない情報の中に、真に必要なモノが存在することがよくあるのです。

今回のトピックと仮説は、省いてありますが、こうしたプロセスを経て決まったものと考えつつ、次に進んでほしいと思います。

2　結果に影響《えいきょう》を与《あた》えるかもしれない変数

トピックが決まり、過去の文献研究作業を終えたら、実行仮説を作るプロセスに入ります。そこでは、全体的なモデルに含《ふく》まれる変数を決定する必要があります。特に結果に重大な影響を与える可能性のある変数、および過去の類似研究によって重要性を示唆された変数は、何らかの形でモデル（理論上の因果図《いんがず》）に含めることが求められます。こうしたいくつかの変数は「他の独立変数」もしくは「コントロール変数」と呼びますが、その意味するところは以下の例を読み進むうちに理解できるでしょう。今のところチンプンカンプンでも横に置いておいて下さい。

因果律を邪魔《じゃま》するモノ

今から紹介《しょうかい》するトピックはむかし、関東地方のある大学の医学部で、類似の調査がなされています。当時のＮＨＫニュースで報じられたのは、次のような内容でした。《コーヒーを一日に三杯以上飲む人は、飲まない人に比べて、心臓病で死ぬ確率が三倍以上に上ることが××大学医学部の△△教授らの調べでわかりました。カフェインの摂り過ぎは心臓によくないようです》。

つまり、「コーヒーの飲みすぎ」＝「カフェインの摂り過ぎ」と考えて、心臓病との関係を調べたもののようです。ここで、前章で解説した因果関係を考えて、このモデルの結果・結論を邪魔するモノ、言い代えるなら結果・結論に影響を与えかねない変数を考えてみて下さい。

この例は別の本で紹介したことがあるので、記憶《きおく》しておられる人もいると思います。答えは、コーヒーには砂糖やクリームを入れる人がいる、という事実を考えることです。過去の経験によって我々は、太り過ぎが心臓に負担を掛《か》けることをすでに知っています。それが事実だとするなら、糖分の摂り過ぎがよくないことは自明のように思えます。また、コーヒーに入れるクリームは脂肪《しぼう》分の高い物質であり、これもまた摂り過ぎを注意される食物の代表です。つまりコーヒーをブラックで飲むか、砂糖やクリームを入れるのか、という変数は、「心臓の健康度」という結果に影響を与えうる変数と考えるべきなのです。

実は、この章の最後に述べるように、砂糖やクリーム以外の邪魔・影響が介入する可能性もありますが、今は砂糖とクリーム以外の変数の影響はないものとしておきます。他の変数の可能性は将来の課題とし、現段階では「砂糖」と「クリーム」を独立変数としてモデルに組み入れる（影響を消すため、同時に分析する）ことを決定しておきます。

社会を設定としているほぼすべての研究調査において、結果に重大な影響を与えるものと考えられる変数に、「性別」と「年齢《ねんれい》（または年代層）」があります。この二変数は、よほどの理由がない限り、分析モデルに含めるものと考えて下さい。男女差、年齢差はよく見られることですし、のちに必要なときに男女別、年代別などの細かな分析も可能となるからです。

というわけで、「コーヒーに砂糖を入れる」、「コーヒーにクリームを入れる」、「性別」、「年齢」を加え、もともとの「一日に飲むコーヒーの量」、「心臓の健康度」と合わせて六変数の因果モデルを描《えが》くと、図3－1のようになりました。

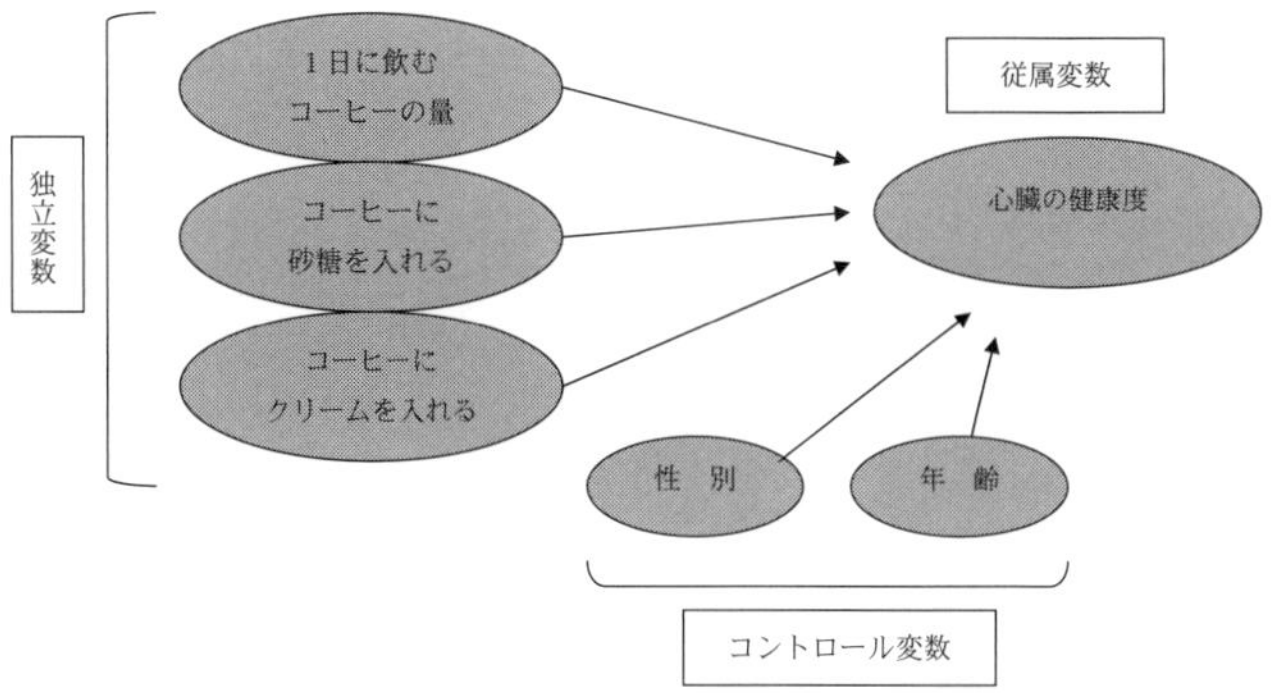

図3-1　「カフェインの摂りすぎは心臓に悪いのか」・因果モデル（6変数）

遅《おく》れましたが、従属変数「心臓の健康度」は三段階で評価しています。過去一年間に心臓病に関して、「医療《いりょう》機関で治療を受けた」とか、「緊急時《きんきゅうじ》に飲む薬を飲んだ（もしくは常備している）」場合を最低点の一点。過去一年間は無事だったが「気をつけている」、もしくは心臓に悪いという理由で「医者に食べ物などに注意するよういわれた」者に二点。そして心臓に何の問題も持たない者に健康度最高の三点が与えられています。

3　データ・プロセス

質問票・アンケート用紙

データを集める方法は、訪問インタビュー、留置き法、郵送法、集合法、電話、パネルなどいくつもあります。最近ではファックスやオンライン（コンピュータ）による調査もありますが、前に述べたようにこの部分は省略します。いずれの場合でも、質問の順序と文言を統一することは必要です。一例を示すなら、次の図3－2のようなものになると思います。

本当はもっと詳《くわ》しく尋《たず》ねることになるでしょう。砂糖やクリームを入れるのは「いつも」なのか、「ときどき」なのか。入れるにしてもどのくらいの量を入れるのか、といった情報がないと、不充分《ふじゅうぶん》だと考えられるからです。まあ最小限の簡略形だと考えて下さい。質問票の作り方に関し、より詳しくは次章で説明します。

データの集計とクリーニング

質問票を集め終わったら、今度はそれを見やすい表の形にまとめることになります。その段階で無回答（空白）や、一つだけ選ぶべきものに二つ以上の回答が選択されているもの、明らかなまちがいやウソなどを見つけ出し、場合によって（その人のデータ全部を）破棄《はき》したり補修したりする作業がありますが、それを「クリーニング」と呼んでいます。

クリーニングが終わったデータは、たとえば次の図3－3のように見えるはずです。

コーヒーの嗜好《しこう》に関する調査

以下の質問に対し、お答え下さい。

Q1　あなたの性別は何ですか？　a. 男　b. 女

Q2　あなたは現在、何歳ですか？　満 [　　　]歳

Q3　あなたはコーヒーを飲みますか、次の中からあてはまる答をひとつだけ選んで下さい。

a. コーヒーは、ほとんど（まったく）飲まない（1日1杯未満)。　→《Q5へ》

b. 平均して、1日に1杯～3杯（未満）飲む。　→《Q4へ》

c. 平均して、1日に3杯以上、飲む。　→《Q4へ》

Q4　（1日にコーヒーを1杯以上飲む人だけ答えて下さい）あなたのコーヒーの飲み方で多いのは、次のうちのどれですか。ひとつだけ選んで下さい。

a. ブラックで飲む（砂糖もクリームも入れない)。

b. 砂糖だけ入れて飲む。

c. クリームだけ入れて飲む。

d. 砂糖とクリーム、両方入れて飲む。

Q5　あなたの心臓の健康度につき、一番あてはまるものをひとつだけ選んで下さい。（過去1年間の経験でお答え下さい）

a. 心臓に多少の問題があり、実際に医療機関で治療を受けた（もしくは、現在も受けている)。

b. 心臓発作の薬を飲んだことがある（もしくは、常に持ち歩いている)。

c. 医者にみせるほどではないが、心配なので食べ物などに気をつけている（もしくは、食べ物に気をつけるよう言われた)。

d. 心臓に何の問題も感じていない。

以上です。ありがとうございました。

図3-2　質問票（例）

ID	（Q1） 性別	（Q2） 年齢	（Q3） コーヒー の量	（Q4） コーヒー の飲み方	（Q5） 心臓の 健康度
0001	a	44	c	c	a
0002	a	41	a	−	b
0003	b	35	b	d	b
0004	b	60	b	d	c
0005	a	54	b	a	a
0006	b	45	a	−	d
0007	a	31	a	−	a
0008	a	35	c	a	b
0009	b	23	b	b	d
0010	a	21	b	c	c
0011	a	39	c	c	b
0012	b	58	b	b	a
⋮	⋮	⋮	⋮	⋮	⋮
0300	a	41	c	a	d

図3-3　クリーニング後のデータ・セット（例）

図中で使用されるアルファベットは、数字や言葉であっても同じことです。今回は質問票での選択肢《せんたくし》が、小文字のアルファベットだったので、それをそのまま載せただけです。また横棒（―）は回答が存在しないことを表わします。たとえば、コーヒーを飲まない人は、Ｑ４に関しては無回答のはずです。

データはこのように横方向に変数（というより、この場合は質問）を並べ、縦は一行につき一人ぶんと考えるのが基本です。この例では、個人の名前の代わりにＩＤ（回答者番号）が入れられていますが、これは個人を識別しつつ個人のプライバシーを保護するためで、他の意味はありません。

データの書《か》き換《か》えプロセス

データさえあれば、すぐに分析やモデル・テストができると思ったら大まちがい。たとえば「コーヒーを飲む量」という変数は、a、b、c、というアルファベットがあるのみで、たとえば四人分のデータ、a・a・b・cの平均は、と言われても計算できませんし、意味もあやふやでしょう。そこで分析に適した形式――わかりやすいもの／多くのケースでは数量的なもの――に変えてやる必要があります。このような書き換えプロセスを「コーディング」、もしくはさらに段階がふえると「リ・コーディング」と呼びます。例を見ながら順にやってみましょう。

まず「性別」ですが、これは男か女かがわかればよいのですから、このままでよいのです。まあ、わかりやすくするため、aを「男」に、bを「女」に変えてみましょう（これは単に「ラベルの変更」です）。「年齢」はこのままで問題ありません。

Q3の「コーヒーを飲む量／一日」は、「コーヒーは飲まない」と答えた人は0杯（もしくはゼロに近い）なので「0」とします。「一杯～三杯未満」は平均の「2」を入れるのが普通です。問題は「三杯以上」と答えた人ですが、ここは単に区別するだけで数量を比較するわけではないので、3以上の数字なら何でもよいので、ここでは等間隔《とうかんかく》の「4」としておきましょう。もう一度確認しておきますが、「4」という数値はあくまで他のグループより多いということを示すのみで、このグループの平均コーヒー消費量ではありません。つまり、数量を表す変数（「数量変数」）ではありません。

さて一番の問題は、Ｑ４の「砂糖とクリーム」に関する回答のコーディングです。この質問は二つのことを同時に尋ねていますので、変数としては二つに分けるべきなのです。従ってこの質問からは「砂糖を入れる」と「クリームを入れる」の二つの変数ができ上がるのが正しいのです。質問（Ｑ４）に対しｂ「砂糖だけ入れる」もしくはｄ「砂糖とクリーム両方入れる」と答えた人は、新変数「砂糖を入れる」に「Ｙｅｓ」、その他に「Ｎｏ」を値《あたい》として与えます。同様に質問（Ｑ４）にｃ「クリームだけ入れる」かｄ「砂糖とクリーム両方入れる」と答えた人は新変数「クリームを入れる」に「Ｙｅｓ」、その他に「Ｎｏ」を与えるわけです。このように、一つの質問から二つ以上の変数をリ・コーディングすることも、逆に複数の質問から一つの変数を作ることもよくあります。

Ｑ５の心臓の状況に関する質問は、先ほども述べたようにａ「心臓に多少の問題があり、

新変数名 / ID	(Q1) 性別	(Q2) 年齢	(Q3) コーヒーの量	(Q4) コーヒーの飲み方「砂糖を入れる」	コーヒーの飲み方「クリームを入れる」	(Q5) 心臓の健康度
	SEX	AGE	COFFEE	C-SUGAR	C-CREAM	HEART
0001	a	44	4	No	Yes	1
0002	a	41	0	–	–	1
0003	b	35	2	Yes	Yes	1
0004	b	60	2	Yes	Yes	2
0005	a	54	2	No	No	1
0006	b	45	0	–	–	3
0007	a	31	0	–	–	1
0008	a	35	4	No	No	1
0009	b	23	2	Yes	No	3
0010	a	21	2	No	Yes	2
0011	a	39	4	No	Yes	1
0012	b	58	2	Yes	No	1
⋮	⋮	⋮	⋮	⋮	⋮	⋮
0300	a	41	4	No	No	3

図 3-4　コーディング（リ・コーディング）後の新データ・セット（新変数名付）

実際に医療機関で治療を受けた（もしくは受けている）」か、b「心臓発作《ほっさ》の薬を飲んだことがある（もしくは薬を常に持ち歩いている）」と答えた人を最低の1点。c「医者にみせるほどではないが、心配なので食べ物などに気をつけている（もしくは食べ物に気をつけるよう言われた）」を選んだ人が2点。そしてd「心臓に何の問題も感じていない」に3点を与えることとしました。

分析に供する前段階で、コーディングを終《しゅう》了《りょう》した新データ・セットは、図3－4のようになっているはずです。

繰《く》り返《かえ》しますが、これらのデータは架空《かくう》のものです。図の抜《ぬ》けている部分にもデータがあって、三百人分のデータがあるという前提です。

疲《つか》れたと思うので少し休憩《きゅうけい》しましょうか。

〈コラム〉 測定できないもの

社会科学の世界は、前にも述べましたように、自然科学の実験のように精密でピュアな実験が不可能です。客観性の保持、逆に言えば個人の主観を排除《はいじょ》することは、社会科学で求められている方法論のエキスでありますが、何でもアンケートで尋ねれば解決するものではありません。世間一般《いっぱん》で使われる用語や概念《がいねん》には（特に社会内での設定では）、明確な定義のない抽象的なものが多いからです。

たとえば抽象的な概念である「美人」度を測定し、数値化するにはどうすればよいか。ある人が美人か、そうでないかはどう考えても主観の問題ですが、社会科学の世界においては、主観が集合することで客観に近づくと考えることができます。主観は「私の考え」ですが、客観が「皆《みな》の考え」であると捉《とら》えるなら、皆に尋ねて、人気投票のようなもので「美人」またはブス」の点数化をすることも可能となるわけです。ただしこの規準は決して一般化できるものではありません。地域、時代、民族、文化などによって変化することは、その通りです。まあ「美人度」くらいなら、特定範囲《はんい》において誰が一番か決められるだろうし、決めても問題はさほど起こらないと思いますが、世の中にはかなりあやふやなもの（そしてアブナイもの）を決める必要が生じることもあります。次に掲《かか》げる漫画《まんが》Ⓖはそんな例のひとつです。

いしいひさいち氏の漫画Ⓖは、犯罪者の何％かが「心神喪失《そうしつ》」とか「心神耗弱《こうじゃく》（心神喪失よりはやや症状《しょうじょう》が軽い）」という概念で無罪になったり、罪が軽くなったりする風潮をからかったものでしょう。実はこの冗談《じょうだん》、私のような犯罪学者・刑事法学者には笑えない、と言うよりかなり身につまされるものでして、内心忸怩《じくじ》たるものがないわけではありません。

恐《おそ》ろしいことなのですが、ある人間が心神喪失であるか、そうでないかは、一人もしくはごく少数の（一応その道の権威《けんい》だと信じられている）者が鑑定《かんてい》するようです。訴追《そつい》する側（検察側）も、弁護する側も、独自で選んだ鑑定人に依頼《いらい》するわけですが、まずもって同じ結果は出てこないものなのです。もともと科学とは名ばかりの、かなり不明確な判断規準を特定個人が主観でチェックするのですから、鑑定システム自体に問題があるのかもしれません。

同じ刑法の解釈《かいしゃく》で他の例を探すとすれば、たとえば「ワイセツ文書（刑法第一七五条）」という定義は時代、場所、などで変化し続け、ついでに政治的な意志が定義に加わることがあり

ど、どうしたの あなた、
え、えらい ことに なった。
ハァハァ
ヨッパライ運転で 子供を ひき殺して しまった。
えー
あ〜〜 どうしたら いいんだ〜〜
しっかり して あなた。 そんな こと きまってるじゃ ありませんかー
もう5、6人 殺してくるのよ 心神喪失で 不起訴に なるわッ
ドテ

漫画Ⓖ

ます。人々に理解しうる定義などなくて、単に捜査《そうさ》上の内規（しかもコロコロ変わる）があるのみなのです。

更《さら》に付け加えるなら、それぞれの陣営《じんえい》から出された鑑定結果を審理《しんり》し、証拠《しょうこ》として採用する裁判官も単なる個人であって、増えたとしてもせいぜい二人か三人まで。これで客観性を保持せよ、というのがそもそもおかしいのです。というわけで、いつもながらいしいひさいちの目は厳しいですね。漫画の中の女性に「もう五、六人殺してくるのよ、心神喪失で不起訴になるわ！」と言わしめて世の中をおちょくる。近くで聞いている男の子はどう感じ、そして将来どんな子に育つのでありましょうか。

このコラムで主張したいことは、「世の中には測定できないものもある」ことを認めるということです。この変化の激しい世の中で、正しく測定できるものの方が少ないのかもしれません。たとえば「アホ」の意味は西と東でぜんぜん違《ちが》います。「カッコイイ（またはダサイ）」ファッションは、男女間でも世代間でも（先月と今月でも）異なります。「平和」とか、「オバタリアン」とか、皆が知っているようで定義の難しい抽象概念は、特に社会科学の世界では、日常茶飯《さはんじ》事のことなのです。皆さんも測定できない変数を考えてみましょう。

4　分析

分析用にコーディング／リ・コーディングされた新データ・セット（図3－4、一〇一頁）が出来上がりました。さて分析を始めます。

今回の分析は、平均の差を調べる検定（「T―検定」と呼ぶ）を中心としますが、これ以外にもいろいろな検定方法がありますので、これですべてだとは考えぬように、注意して下さい。

変数の分布をチェックする

ものには順序というものがあり、分析用データ・セットが完成したら、まずやるべきことは、それぞれの変数の分布（特に「度数分布」と呼びます）をみることです。分析に直接関係あるわけではありませんが、この作業を無視するとアトアト困ることになりましょう。たとえば途中《とちゅう》で間違っても気がつかないということが起こるのです。

図3－5が各変数の分布です。ただし「ＩＤ」は省略、年齢は十歳《さい》刻みで表示してありま

変数	ラベル	値	度数(N)	%
SEX	男	1	145	48.3
	女	0	155	51.7
AGE	20代	1	30	10.0
	30代	2	43	14.3
	40代	3	65	21.7
	50代	4	69	23.0
	60代	5	53	17.7
	70歳以上	6	40	13.3
COFFEE	飲まない	0	80	26.7
	1-2杯	2	120	40.0
	3杯以上	4	100	33.3
C_SUGAR	入れる	1	117	39.0
	入れない	0	103	34.3
	コーヒーを飲まない	0	80	26.7
C_CREAM	入れる	1	112	37.3
	入れない	0	108	36.0
	コーヒーを飲まない	0	80	26.7
HEART	治療・薬	1	52	17.3
	心配あり	2	83	27.7
	健康	3	165	55.0
	計		300	100.0

図 3-5　新データ・セットの度数分析

す。また、「砂糖を入れる(C_SUGAR)」と「クリームを入れる（C_CREAM)」は、「Yes」を「1」に、「No」を「0」に変えてあります。

図中には、コーディング／リ・コーディングが終了した新しい変数であることを示すため、それぞれに「新変数名」を指定してあります。この変数名は勝手につけていいのですが、コンピュータを使用する時には（特に新しいプログラムでない限り）半角英数字八文字以内で自分でわかりやすいものにするとよいでしょう。

平均の差を調べる

従属変数、つまり今我々が最終的に知りたい因果モデルの最終結果は、「心臓の健康度(HEART)」です。この従属変数は、曲がりなりにも健康度の高い順に高得点が与えられており、この点数が低いほど心臓が悪いと考えてさしつかえありません。その意味でこの変数は数量的なものと考え、平均値をたとえば、男女間、年齢(年代)間で比べることは、有意義なことだと言えるでしょう(本当はもう少しウルサイ取り決めがあるのですが、この分析の目的には問題ないレベルなので無視します)。

従属変数「HEART」の平均は2・38でした。これを各変数の値ごとに見てみる必要がありますが、ここでは省きます。

今回知りたいことは、主として「COFFEE」、「C_SUGAR」、「C_CREAM」の三つに関し、「HEART」の平均値に、統計的に意味のある差があるのかということであります。ここにおいて、「統計的に意味のある」という言葉が初めて登場したわけですが、これはデータ上観測された差は「偶然《ぐうぜん》の範囲」か、それともかなりの蓋然性《がいぜんせい》(確実性)をもって「偶然ではない」と言いきれるか、ということを意味します。社会科学の分野では、偶然の範囲が二十回に一回（つまり五％）以内なら、「かなりの蓋然性をもって偶然ではない」と結論を出すのが慣例になっています。偶然起こった確率を超《こ》えた状況を、「統計的に（九五％レベルで）有意だ」と表現するのです。

さて、平均の差に目を向けますと、コーヒーを「一日に三杯以上飲む」と答えた人のHEART平均値は、他の二つの回答（「飲まない」と「〇〜二杯」）より目立って低いのがわかります。この差異は偶然の範囲なのでしょうか、それとも有意な差と言えるのでしょうか。

こうした平均の差を統計的に計算するのが、T—検定です。今はコンピュータに命令を出せば、ややこしい計算は瞬時《しゅんじ》に終えて結果を出してくれます。仮説段階で知りたかったことは「コーヒーを三杯以上飲む人」と「それ以外の人」でしたので、COFFEEの最初の二項目は「それ以外の人」にひとくくりにしてT—検定をやってみましょう。結果は図3‐6のようになりました。

T—検定の結果は図の下部分に書かれています。コンピュータの計算（Fの値）によると、両者にこれだけの平均差があることは、偶然でない（偶然の確率は〇・一％以下）ことを示しています。つまり「両者には有意な差が存在する」と言ってよいのです。

		度数	心臓健康度平均値
コーヒーを飲まない		80	2.86
コーヒーを飲む	3杯未満	120	2.39
	3杯以上	100	1.97
合計		300	2.38

F=38.87 ＊＊（P〈.001）

図3-6　T—検定（コーヒーの量）

どんな計算式で計算しているのか、ということは知らなくてよろしい。自動車を運転するために、どのペダルを踏《ふ》めば動いたり止まったりするか、ということがわかればよいのであって、エンジンの内部がどうなっているのかを知る必要はないのと同じことです。コンピュータと統計ソフトは、文科系の人間にこそ、より便利なツールであることを認識すべきなのです。ただしコンピュータが危険な道具であることは忘れないようにして下さい。

さて、「C_SUGAR」も「C_CREAM」も、同様にしてT—検定をやってみたところ、この二変数も統計的に有意だと認められたものとします。ここで気をつけなければならないのは、各変数の値によって「HEART」の平均値が異なり、それが統計的に有意と検証されたことは、表面上そうだったということがわかっただけで、仮説を証明するには至《いた》っていないということです。前に相関と因果の違いを説明した時に解説したので、

		コーヒーを飲む量	N	心臓健康度平均値	F	P
コーヒーを飲まない			80	2.86		
コーヒーを飲む	ブラックで	3杯未満	30	2.73	0.94	0.34
		3杯以上	28	2.57		
	砂糖のみ	3杯未満	31	2.29	6.64 *	0.01
		3杯以上	19	1.74		
	クリームのみ	3杯未満	25	2.40	3.82	0.06
		3杯以上	20	2.00		
	両方入れる	3杯未満	34	2.18	10.07 **	0.00
		3杯以上	33	1.58		

*p <.01, **p <.001

図3-7　コーヒーと心臓の健康度（高次元クロス表）

繰り返しは避けますが、モデルにおける因果律を説明するには――つまり「カフェイン」、「糖分」、「脂肪分」のどれが心臓の健康度の真の原因であるかを説明するには――これだけではまだ不十分なのです。

同時に調べてみる

ある現象に対し、複数の原因（独立変数）が考えられるとき、どちらが（どれとどれが）真の直接原因なのか、またはどちらがより強い影響力を持っているのか、という疑問が起こるでしょう。その問題は、複数の独立変数を同時に分析することで解決できます。このような手法を多変量解析と呼びますが、コンピュータの処理能力が向上した現在では、さまざまな手法が可能です。

今回のトピックでは、最も単純な多変量解析をやってみましょう。それはたとえば、図3－7のような表を作って、先ほどのT―検定を細分化して行うことです。

このように細分化すると、初めて見えてくるものがあります。図をよく見て、その分析から得られる知見を考えてみて下さい。以下に筆者の解釈を列挙しますが、それと一致《いっち》するかどうか比較《ひかく》してみて下さい。

図から得られる知見

知見①…「コーヒーをより多く飲むことは、心臓の健康度を下げる」
知見②…「砂糖を入れて飲むことは、クリームを入れて飲むより心臓の健康に悪い」
知見③…「ブラックで飲むと、三杯以上飲む人と飲まない人とであまり差がない」
知見④…「クリームの害は、それほど明白なものではない」

結論として言えることは、心臓の健康度に最も影響を与えるのは、まず糖分であり、次に脂肪、そして最後がカフェインの順であるということです。むろん（図では省いてありますが）それぞれの統計的な有意レベルも計算可能です。

多変量解析は、さらに性別や年齢の効果を加味することもできます。仮の話ですが、若い人々がそれ以外の人々に比べてあまりコーヒーを飲まない、もしくは飲むにしてもブラックで飲むことが多いなら、この図の結果も年齢の効果に帰着する可能性があります。より詳しい相互《そうご》関係を調べるためには、まだこの先、重回帰分析や主成分分析などと呼ばれる方法を用いますが、今回はここでやめておきます。原因と結果を調べるということは、綿密な計画と、細心の実行（オペレーション）の両方がなくてはならないこと、おわかりいただけたと思います。

5　可能性の追求

かつてある大学で、酒の消費量と健康に関する調査が行われました。その時に発表された結論は、お酒をぜんぜん飲まない人より、毎日少量飲む人の方が健康だった、というものでした（覚えている人はいますか？）。

私などはへソ曲がりなので、「適量の酒が体に良い」と考えるより先に、酒を飲まない人々の中に「体をこわして酒を飲めなくなった人間（医者に止められた人間）」はどれくらい含まれているのか、などと考えてしまうのです。しかし世の中は素直《すなお》な人がほとんどとみえて、結論はそのまま受け入れられたようです。ですが、研究者になる人はもちろん、少なくともこれからリーダー・シップを発揮しようという人々は、いろいろな可能性を考えるくせをつける必要があると思うのです。

今回のコーヒーの例でも、「同じ一杯のコーヒーでも、マグ・カップで飲むのと、デミタス・カップで飲むのとは、えらく違うよな」とか、「同じコーヒーでもインスタント・コーヒーだと違いはあるのだろうか」とか、「ふつうの砂糖よりダイエット用のシュガーの方が悪いと聞いたぞ」とか、ツッコミを入れる力量こそ、知（wisdom）の別の側面なのです。過去の調査で指摘《してき》されたのを見たことがありますが、コーヒーを愛飲する者は同時にタバコを吸う確率が高いそうです。だとすると、コーヒー自体より、それと関係の深い何かが真の原因である可能性もありえます。その論で行けば、「コーヒーにケーキはつきものだよな」といったツッコミも登場するかも。

因果はめぐる

今、別のツッコミを考えている人は大変よろしい。たとえ思い浮《おもう》かばなくとも、考えることに意義があります。さて、仮にここで某《ぼう》C大学の医学部教授が、多くのツッコミをクリアして、多変量解析によって「カフェインの摂りすぎの人は、心臓病による死亡率が高まる」ことを、さらに高次レベルで証明したものとします。しかしそれでもなお、次のような可能性を指摘できるのです。

「カフェインはガンや脳卒中を抑《おさ》える効果があるのではないか？　心臓病による死亡率の上昇《じょう》は、他の死因を抑制《よくせい》したことの結果なのではないか？」

と。

こうなるともう、子供のケンカのレベルですね。でも本当にありえるのです。

なぜ結果は間違うのか

さきほど、コンピュータが危険な道具であることを、忘れないよう注意しました。なぜなら今のコンピュータは誰にでも、何でも、できてしまうから。統計のイロハを知らない人間でも、コンピュータを使ってカッコイイ分析（ただし、もっともらしいけど中味のない分析）ができてしまうのです。運転の初心者に三〇〇㎞で走るスーパー・カーを運転させるのはアブナイ。道理のわからない子供にフルオート・マシンガンを与えるのもやめた方がよい。危険な道具は、それを使いこなす知識と、倫理《りんり》観を持つ者にのみ許されるべきなのです。

社会調査を専門とする人々の間に、「GIGO」という言葉があります。これは「Garbage In, Garbage Out」の頭文字を並べた語で、コンピュータやソフトがいくら優《すぐ》れていても、（インプット・データとして）ゴミを入れたら出てくるもの（アウトプット）はゴミ以外はありえない、ということを意味します。昨今のマスコミは、自分たちは正しいやり方でデータを集めています、だから結果は信頼できますと主張するかもしれません。しかし、たとえ正しく集めてもオペレーションがダメならやはりゴミが出ます。ましてやマスコミの調査のかなりの数は、正しいやり方で集めていないかもしれないのです。

左の漫画Ⓗは、いしいひさいちの中でも、個人的に特に気にいっている一品。内閣支持率は各社で毎月やっている調査ですが、同じ日に、同じようなやり方でやっても、同じ結果が出ることはまれなもの。ましてや調査のやり方が少しズサンなマスコミでは、まさにゴミを作り続けているだけのことかもしれません。漫画が問題にしているのはその点です。オチが秀逸《しゅういつ》で、「トンカツ弁当——二〇％」の文字が意表を突《つ》きます。そしてどこで調べたのかという問いに、「どこでもいいでしょう」と冷たく答えるどこかの新聞社代表の厚顔さもまた、そこはかとなくいい味です。

問・あなたは中曽根内閣を支持しますか？
支持する—20%
支持しない—70%
わからない—10%
ウチの新聞社の調査ではこうなってるんです。
おかしいな。
問・あなたは中曽根内閣を支持しますか？
支持する—70%
支持しない—10%
ウチの新聞社の調査ではこうです。
あとの20%はどうなんですか？
どうでもいいじゃないですか。
よくありませんよ。
問・あなたは中曽根内閣を支持しますか？
支持する—70%
支持しない—10%
トンカツ弁当—20%
どこで調べたんですか。
どこでもいいでしょう。

漫画Ⓗ

二次分析のススメ

「ＧＩＧＯ」を避ける方法のひとつは、研究者たちがデータを相互にチェックしあえる体制を構築することです。東京大学のＳＳＪ・アーカイブ（東京大学社会科学研究所）などには、いくつかの社会科学調査のデータが整理され、他人の使用のために発信されていますが、こうした他の機関や研究者が集計したデータを再利用する行為を「二次分析」と呼びます。二次分析の利点は、データを集める時間と資金を節約できること、そして少なくとも「信頼度の高い方法論で集められたことが一般に認められたデータ」である（つまりゴミの可能性が少ない）ことが、すでに判明していることです。詳しく知りたい人には、インターネットでＳＳＪ・アーカイブを検索《けんさく》すれば、保存されているデータの目次から、内容まで提示してくれます。あとは実費（千円程度）だけでデータが手に入れられることになります。海外のアーカイブなら、「ICPSR」というシステムが有名。これもインターネットで調べるとよいでしょう。会員になりさえすれば、世界の有名なデータにアクセスできます。

二次分析には、むろん欠点もあります。一番の欠点は、自分の研究モデルに必要とする変数があるとは限らない、という点です。たとえばコーヒーの消費量の質問はあっても、砂糖とクリームに関する質問が存在しないなら、今回のモデルに関しては、検証のスタート地点にすら立てないわけです。とはいえ二次分析は、社会科学方法論を学ぶには最適の場でもあります。自分のトピックは将来、自分で研究費を獲得《かくとく》して行えばいいのであって、その時に時間とお金を無駄にしないためにも、二次分析で訓練しておくのは悪くありません。いきなり本番という人が、えてして「トンカツ弁当」をやらかすものなのです。

第四章　質問票作りのむつかしさ

前章、カフェインと心臓の健康に関する例では、質問票の例（図3－2、九七頁）を示しましたが、実際にはあんな簡単で単純なものではありません。たとえば質問票の表紙には、調査協力に対するお願いや挨拶《あいさつ》の文章などが必要ですが、これも短すぎても長すぎても良いものとはなりえません。この章では質問票を作る時に気をつけなければならない点を、いくつかまとめてみました。

1　測定の妥当性《だとうせい》と信頼性《しんらいせい》

まず、質問票にはどんな質問項目《こうもく》が含《ふく》まれるのかということ。質問の量も含めて、その内容が重要となります。通常、質問の量は、「少なければ少ないほどよい」と考えてください。かと言って、仮説検証に必要な質問まで削《けず》っては、元も子もないものとなってしまいます。質問の量はつまり、「必要最小限」でなければなりません。

質問の統合による新変数

「年齢《ねんれい》」とか、「支持政党」のように、そのものズバリを尋《たず》ねたらそれで終わりという変数があります。つまり、質問項目と変数名とが一致《いっち》するわけです。ただし前章で説明しましたように、無回答やでたらめな回答をどう処理するかという問題があります。もしくは回答選《せん》択肢《たくし》のいくつかをまとめて、新変数に作り変えることもありますので、特定質問をそのまま変数として使用するケースは、どちらかといえばレア・ケースにあたります。

単独の質問ではなく、いくつかの質問を統合して別の変数を作るケースもあります。たとえば「社会階層」という変数は、「所得（年収）」、「学歴」、「（組織内の）地位」など、多くの質問をしたうえで、総合的に判断されることになります。社会科学分野では、このように合成して新変数を作ることはよく行われることです。

なぜたとえば「所得（年収）」だけによって「社会階層」を判断してはダメなのでしょうか。それは、世の中には所得は高くても社会階層の低い人々（たとえば、街のヤクザや売春婦）や、その逆の人々が多くいるからです。所得は低くても社会階層はわりと高い（皆《みな》から尊敬される）人々の例を考えてみて下さい。

妥当性について

「社会階層」を測るうえで、「所得（年収）」だけでは充分《じゅうぶん》ではありません。この状況《じょうきょう》を社会階層を決めるにあたり、所得だけの判断では「妥当性がない」という言い方をします。測定したい変数（この例では「社会階層」）に対し、前提として使用する変数（この例では「所得（年収）」）がその内容を的確に表していないのです。妥当性（validity）とはつまり、ある変数の測定に関する内容（定義）が適切なものであるか否《いな》かということです。

社会階層を測定するために、「所得（年収）」以外に、「学歴」や「地位」を使うのは、その方が社会階層の中身をより的確に表しているからだと考えられます。むろん、もっと多くの変数を含めた方が良いと考える人は、そうするべきで、たとえば「持ち家か否か」とか、「三代以上高い地位にいるか否か」などを社会的地位の測定に含めたい人もいるでしょう。ただし変数が多すぎるのも、ゴチャゴチャしていて、あまり効率的な測定とは言えません。

妥当性に欠ける測定は、結局、測りたいことと別の概念《がいねん》を測っていることになりますので、理論や仮説を検証しているつもりでも、別のことしか証明できないことが起こります。

信頼性について

測定の妥当性は、質問票を作るにあたり重要なチェックポイントですが、もうひとつ、測定の「信頼性」にも気をつけなくてはなりません。信頼性（reliability）というのは、誰《だれ》が何度やっても、同じような安定した測定になるのか、という概念です。つまり狭《せま》い意味での再現可能性と考えてよいでしょう。いつも同じ（近似《きんじ》の）結果となる状態を信頼性のある状態と呼びます。自然科学を例にとれば、良い実験道具を使い、正しい手順で集められた実験データは安定しているものです。社会科学でも基本的には同じことで、正しい手順で、正しいやり方でデータは集められなくてはなりません。たとえばアンケート調査なら、調査する対象地域すべてで同じやり方でなくては、信頼性が低下するでしょう。

狂《くる》ったモノサシ

モノサシを例にとりますと、妥当性のない状態とは、目盛が一定の割合でズレているようなものです。たとえば、どの一センチも、〇・九センチしかないなら、そのモノサシは妥当性がない、つまり測ろうとしていること（長さ）を正しく測れない状況です。

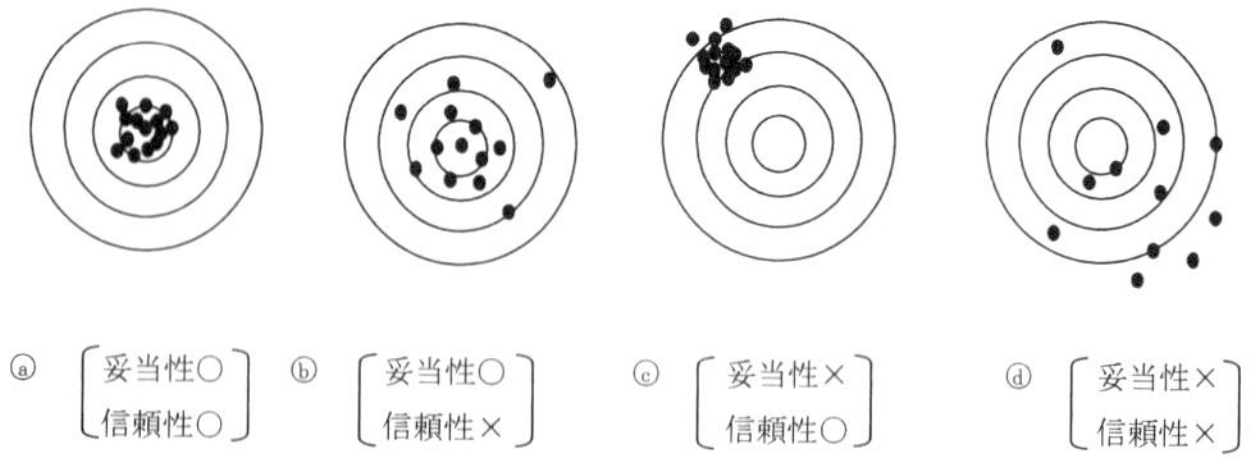

図4-1 狙った的に弾が当たるか？

目盛は正しくつけられているのに、温度で伸《の》び縮《ちぢ》みしたり、各自が勝手に（チャランポランに）測るため、いつも正しく測れていないかもしれないなら、それは信頼性に疑《ぎ》問符《もんふ》のつく状況です。では、妥当性と信頼性、どちらがより重要なのでしょうか。

場合により重要性は変わりますが、一般《いっぱん》に（研究者間で）認められている見解は、妥当性の方がより重要であるとしています。このことを説明するために、まず、図4－1を見て下さい。この図は、明治大学の安藏《あんぞう》教授が考え出したものです。

図において、測定したい概念を的の中心と考えます。そして撃《う》った弾《たま》を個別の（実際の）測定と考えて下さい。ⓐは測定において理想的な状況で、狙《ねら》い（照準）はズバリ中心で、射手の腕前《うでまえ》も安定しています。この例で妥当性は、照準が合っているかということ、そして信頼性は、射手の腕前（の安定性）です。ⓑとⓒを比べてみましょう。ⓑは狙いは正しいようなのに、射手の腕が不安定らしく、着弾点《ちゃくだんてん》はバラバラです。測定で言えば、妥当性はあるのに信頼性に乏《とぼ》しいのです。ⓒは逆で、着弾点は安定しているのですが、そもそも照準が合っていないようで、いつも一定方向に弾がズレています。これは信頼性はあるのに、妥当性がない状況と言えるでしょう。

ⓑは、十発ほど撃てば、だいたい中心的が判明してきますので、事例を積み重ねることで真理に近づけます。しかしⓒの場合、どれほど測定プロセスの精度を上げようと、知りたいと考えている真理には近づきません。そもそも狙っている的がズレているからです。先ほどのモノサシの例だと、そもそも目盛が狂っているからです。

妥当性に欠ける測定が、役に立たないかと言うと、そうでもありません。同じ方法で比較《ひかく》できるなら、少々ズレていても、時間軸《じかんじく》による変化はわかります。たとえば総理大臣の支持率の質問（選択肢）は各社で違《ちが》いますが、どの質問が良いか悪いかは別の問題として――同じやり方で毎月繰《く》り返《かえ》すなら――上がったか下がったかというトレンドに関しては、かなり役立つ情報となるわけです。狂ったモノサシも使いようです。

結論としまして、質問票に含まれる質問項目は、そもそも知りたいと欲していることを知るのに適したものなのか、ということがまずスタートです。妥当性があり、願わくば信頼度の高い測定をめざす第一歩です。ちなみにⓓの妥当性も信頼性もないような測定は、全然ダメです。蛇足《だそく》ですが。

2 用語と選択肢

必要最小限の質問項目（数と量）が決まったら、実際に質問を作らなくてはなりません。性別を聞いたり、年齢を尋ねる程度の質問なら、それほど難しくありませんが、信じる宗教や収入など、人々が答えにくい質問の用語や選択肢（回答肢）をどうするのか、という問題は簡単にはいきません。質問の用語や選択肢を作るとき、まず大原則があります。

☆文は短く、平易な文で。わかりやすさを旨《むね》とせよ。

書くと一行ですむわけですが、実際にはそれほど単純ではありません。日本では、ほとんどの人が字を読めるだけまだマシなほうで、私の恩師のひとりは、文盲《もんもう》率の高いコスタリカでの調査で頭を抱《かか》えておりました。日本といえど、たとえば「コンピュータ」とか「メール」

とか、一般的な常識に思える用語でも、意味を理解できない人々は少なくないのです。それを常に頭に置いておくことです。

用語

学者や評論家の中には、一般人にはよくわからないような難しい用語を使うことが、カッコイイことだと考えるヘンな奴《やつ》がおります。少々ひねくれた性格なのかもしれません。私が知っている優《すぐ》れた知識人は、難しいコンセプトでもわかりやすく説明することができるものでして、その意味で、難しい言葉ばかりを好んで使う人は、本物の知識人ではなく、単に知識人の「ふりをする」人なのだと思います。

質問を作る時、使用する用語について次のことに気をつけて下さい。まず、専門用語や一部の人に理解しづらい言葉が使われていないかをチェックします。そして小学生にも理解できるほどわかりやすい文章かどうか、実際に試《ため》してみる（「パイロット・スタディ」と呼んでいます）のも必要でしょう。パイロット・スタディをするときは、小学生や老人など、いろいろな人にお願いするのが効果的です。

〈コラム〉　博識のふりをする人々

一九六〇年代終わりの頃《ころ》からか、わざと難しい言葉をもてあそび、それでいて中身のない空論をもてあそぶ学者（自称《じしょう》）たちが幅《はば》を利《き》かせるようになっておりました。表面上は博識に思えるこれら威圧的な文章に対し、ニューヨーク大学の物理学者、アラン・ソーカル（およびと共著者ブリクモン）は次のように述べています。「多くの例において、テクストが理解不能に見えるのは、他でもない、中身がないという見事な理由のためだ」と。まったく同感です。

これは私の個人的趣味《しゅみ》の問題ですが、どうしても紹介《しょうかい》したい4コマ漫画《まんが》の大傑作《けっさく》（漫画①、言わずと知れた、いしいひさいち作品）があります。

この漫画には解説は余計かもしれません。論議をわざと複雑に（かつ、わからなく）している忍者《にんじゃ》と侍《さむらい》。それに対し意見を求められた殿様《とのさま》は、わけもわからず「ガッツだ」と応《こた》えます（というより、それ以外に応えようがなかったのでしょう）。しかし、いしいひさいちが揶揄《やゆ》しているのは、殿様（つまり、血筋が良いという理由だけで、無能にも拘《かか》わらず高い地位にいる

うっ
ドロボーッ 密書ドロボーッ!

ドロボーとはなんだ! これは超感性界に対象を構成する社会的行為だ!

職業としてそうした内属性と偶有性を包摂することはすでに密書の固執性が欠けている!

やかましい! 忍者の理念型をその悟性と可能的明証に求めることは明らかな誤謬であり、また我執の絶対的完全性についても疑問である!

なにをッ! 総合命題を認識するにあたって思弁理性と内的合致における徴表の無制約性は謙抑と因果性を否定するものだ!!

殿! なんとか言って下さいっ
ガッツだ。

漫画①

人々）よりむしろ、侍と忍者（威圧的なレトリックで話をややこしくする人々、もしくは自分の立場のみを強弁する人々）の方だと思います。博学のふりをし、ある種の主張を声高に繰り返す人々は、今もむかしもいっぱいおりますね。それにしても侍と忍者がこのように壁《かべ》の上で議論をする図というのは、なんと言うべきでしょうか、発想が奇抜《きばつ》です。4コマめ、勝《か》ち誇《ほこ》ったような態度を見せる忍者と、議論が膠着《こうちゃく》した状況で権威者に味方を求める侍、そして何も考えていなかった殿様の、三者三様の姿が印象的な作品となっています。

選択肢

各質問の選択肢も重要な決定事項です。たとえば住んでいる地域の都会度や人口規模を知りたいとき、「あなたの住んでいる街は、次のどれにあたりますか」という質問をしたとします。選択肢は、「1　大都市」、「2　その他の市」、「3　町・村」の三つがよく使われます。これでよいのかという問題ですが、今のところこれは、シンプルでわかりやすい選択肢だと考えられています。ただしこれと同じことを香港《ホンコン》（ほぼどこも大都会）やフィンランド（人口密度が低い）でやってみたら、人々はたぶん違うイメージを持つでしょう。

選択肢の基本思想は次の四点です。

☆　調査目的に従って必要最小限。

☆　わかりやすい（論理的）。

☆　相互に排他的《はいたてき》（重ならない）。

☆　全部の選択肢で全体をカバーしている。

「調査目的に従って必要最小限」という思想によって、もし調査の目的（仮説など）が大都会とそれ以外の比較であるなら、前の例で「町・村」という選択肢は不要です。逆に、調査目的として細かな人口規模が必要なら、もっと多くの選択肢が必要です。

「わかりやすい（論理的）」という思想。これは、たとえば収入（年収）を尋ねるにあたり、「1　ゼロから四九六万円未満」、「2　四九六万円以上六八七万円未満」、「3　六八七万円以上」の三つとすれば、この四九六万円とか、六八七万円という半端《はんぱ》な切り方には、それなりの理由が必要になるという意味です。何の理由もなく、思いつきで分けても、意味もないし、わかりにくくなるだけです。

「相互に排他的」というのは、選択肢が重ならないということで、ある人が二つ以上の選択肢に該当《がいとう》するようなことがあってはなりません。たとえば収入（年収）の選択肢が、「1

〇円から五〇〇万円以下」、「2　五〇〇万円以上一〇〇〇万円以下」、「3　一〇〇〇万円以上」の三つなら、ちょうど五〇〇万円の年収の人は、「五〇〇万円以下」とも「五〇〇万円以上」とも言えますので、どちらを選ぶか困ってしまうでしょう。

四つめの「全部の選択肢で全体をカバーしている」というのは、どれも選べない人がいないということです。収入（年収）の質問の選択肢が「1　〇円〜四九九万円」、「2　五〇〇万円〜九九九万円」、「3　一〇〇〇万円〜」としますと、たとえば年収四九九万五〇〇〇円の人はどれを選べばよいでしょう。このように、選択肢全体にスキマがあってはなりません。どうしても該当しない人が出そうな時は、「その他」などの選択肢を加える工夫《くふう》が必要となります。

誘導的《ゆうどうてき》な質問

選択肢を作る時の基本思想は以上ですが、気をつける点は、まだあります。まず、選択肢は中立的で公平でなくてはならず、誘導的な選択肢は、良くない質問とされます。

自衛隊をイラクに派兵する可否が問題となっていた二〇〇一年八月、ＮＨＫが行った派兵への賛否を問う質問の選択肢は次の三つでした。

「1　派遣《はけん》すべきだ」、「2　安全確保のため慎重《しんちょう》に準備をしてから派遣すべきだ」、「3　派遣すべきでない」（二〇〇一年八月十二日の七時のNHKニュースより）。これら三つの選択肢は、先ほどの基本思想のうち三番目の「相互に排他的」という項目に違反《いはん》（つまり、派遣に賛成の人は、1も2も答えられる）していますし、四番目の「全部の選択肢で全体をカバーしている」という項目にも違反（つまり、意見のない、わからない人は、どれも選べない）していますが、より重要なこととして、「誘導的」なのです。

最初の「1　派遣すべきだ」と考える人でも、可能なら「安全確保のため慎重に準備をしてから」にすべきと考えるのは、まあ、普通だと考えます。つまり、言わずもがなの「安全確保……」云々《うんぬん》を加えた質問を作って、賛成派を二つに分けただけの結果になっています。NHKはなぜこんなおかしな選択肢を用意したのか？　それはわかりませんが、たぶん派遣に反対する回答を一番多い状況にしたかったからではないかと思います。これはコマーシャルでよく使われるテクニックのひとつで、一番多くなりそうな選択肢を二つに分割し、特定メーカーの製品を「トップの回答」だったと発表する手法。「フォースト・チョイス（forced choice）」と呼ばれるテクニックの変形です。たとえば、スポーツのあとに数種類の冷えたドリンクを置き、百人の女子学生に一番好まれたドリンクが「アップルタイザー」だったという宣伝では、一位になりそうなライバルの「コーラ」を、「コカ・コーラ」と「ペプシ・コーラ」の二つに分けて（両方置いて）いました。結果、「アップルタイザー」は一番人気となったわけです。

もうひとつ例をみていただきましょう。これは、二〇〇一年九月十一日のテロ事件のあと、読売新聞によって行われた調査です。次のような質問と選択肢でした。

☆　アメリカで起きた同時テロを受けて、アメリカとイギリスなどは、国際社会に協力を求めながら、テロ組織を根絶するための軍事行動を開始しました。あなたは、これを妥当だと思いますか、やむを得ないと思いますか、それとも容認できないと思いますか。

・当然だ　二三・二％
・容認できない　一四・九％
・やむを得ない　五九・五％
・答えない　二・四％

（読売新聞二〇〇一年十月二十三日）

この朝刊の一面の見出しは、「米の軍事行動　容認八三％」というものでした。つまり、賛成か反対かはっきりしない「やむを得ない」という選択肢を「容認できない」わけではないからと強弁し、「容認」に含めてしまったわけです。質問の文章にも「国際社会に協力を求めながら」とか、「テロ組織を根絶するため」とか、いかにも「まあ、しようがないでしょ」といった選択肢を用意する。はじめに記事ありきの調査と質問だったと考えてよいでしょう。読売新聞はこの手段を何度か使っておりまして、この一か月前（九月二十八日）の記事でも、「社会保障」に関し、税の引き上げも「やむを得ない」という容認派がマジョリティとなる結果を出しています。

中心点の有無《うむ》

このテロに関する質問のひとつ前の質問は、「あなたは、いまの国の政治に関心がありますか、ありませんか」という文言で、選択肢は、「大いに関心がある」、「多少は関心がある」、「あまり関心がない」、「全く関心がない」（それに「答えない」）となっていました。いわばポジティブ（関心がある）サイドと、ネガティブ（関心がない）サイドをバランスよく配置しておりまして、これはまともな選択肢でした。さて、この選択肢は「答えない」を除くと、ポジティブ、ネガティブ両サイドに二つずつの四つの選択肢を並べ、関心のある人からない人へと並べることができます。ちょうど中間の選択肢はありません。

中間の選択肢があるケースでは、特に日本人はその選択肢を回答するケースが他国に比べて多くなるようです。これは日本人が人前ではっきりと態度を表明しないことと関係があるとされていますが、確かな点については不明です。

中間的なニュートラルな選択肢が存在するケースは、「わからない」とか、「その他」、「答えない」など、スケールのワクの外にある選択肢を除くと選択肢の数は奇数になるはずです(むろん、バランス良いものを想定しています。逆に中間点のないものは偶数《ぐうすう》です。日本において選択肢の数を決定する要因として、中間点を設けるか否かは重要な問題となりますので、よく考え、必要か否かを決めてください)。

3　順序とレイアウト

各質問文の用語のところで説明できませんでしたが、気をつけなければならないことがもうひとつあります。それは、同じわかりやすい内容の質問文であっても、ちょっとした言葉の順序で、各選択肢の回答率は驚《おどろ》くほど異なるという事実です。

平松貞実《ひらまつさだみ》氏の実験

東洋大学で教える平松貞実氏が、次のような実験をしてみました。同じ内容で文の順序を入《い》れ替《か》えた二つの質問を別々の対象に調査してみて、集計したのです。

A調査
問　あなたは次のどちらのタイプの先生がよいと思いますか。
A　学生の面倒《めんどう》はよくみるが、講義の内容はあまりよくない　二〇％
B　学生の面倒はあまりみないが、講義の内容は大変よい　七七％

B調査
問　あなたは次のどちらのタイプの先生がよいと思いますか。
A　講義の内容はあまりよくないが、学生の面倒はよくみる　四〇％
B　講義の内容は大変よいが、学生の面倒はあまりみない　五八％

（注）一〇〇％にならないのは無回答があるからである

一九九三年四月　東洋大学学生　集合調査法

A調査…五十一人　　B調査…四十八人

（平松貞実『世論調査で社会が読めるか』四九頁）

サンプル数やその抽出《ちゅうしゅつ》方法などには問題はあるものの、ここで指摘されている事実に関しては、あまり重要視する必要はないでしょう。A調査の「A　学生の面倒はよくみるが、講義の内容はあまりよくない」という選択肢と、B調査の「A　講義の内容はあまりよくないが、学生の面倒はよくみる」という選択肢は、ほぼ同じ内容ですが並べる語の順序が違います。残りの選択肢もよく読むと同じ内容なのがわかります。しかし結果は同じとは言えません。文章の後段で肯定的《こうていてき》な事を書かれた方が、その逆（文章の前段で肯定的、後段で否定的）より高い支持を受けているのがわかると思います。なぜかと問われても困りますが、人々の意見とはこの程度の順序の入れ替えで変わるものだと認識してほしいのです。

前の質問が与える影響

質問文の言葉の順序をどう決めるべきか、という明確な指針はありません。なるべくひとつのことについてのみ尋ねるよう（可能なら）工夫するのがよいでしょう。

順序についてもうひとつ、質問自体の並び方（つまり複数個の質問をどう並べるか）によっても回答内容は変化することが知られています。たとえば、自衛隊の救助活動や平和維持《いじ》活動に関する質問を並べたあとで、自衛隊自体の賛否を尋ねると、賛成が増えたりします。このように前の質問が、後の質問に影響《えいきょう》を与える効果を「キャリーオーバー・イフェクト（carry-over effect）」と呼んでいます。

レイアウト

最後にレイアウトの話をします。つまり全質問をどう並べ、デザインするかということです。特に自記式と呼ばれる、回答者本人に記入してもらう調査票は、スッキリ、ハッキリ、わかりやすく、記入しやすいものでなくてはなりません。データ収集の方法（郵送、電話、インタビュー etc.）によって、レイアウトが変わるのは当然です。

まず、文字は大きく、余白を充分空けること。字がギッチリつまった質問用紙など、誰も答えてくれません。老眼の人にも読みやすいものを作ることです。

ひとつの質問が二ページ以上にまたがってはダメです。ページの下が空白になるのはOKです。イラストでも書くのも良いでしょう。

スラスラと抵抗《ていこう》なく回答できる質問からスタートしましょう。二ページめのトップの質問まで答えてくれたら、最後まで書いてくれる可能性が高くなります。プライベートな質問や答えにくい質問は、なるべく終わりの方にすること。でないと、途中《とちゅう》でやめてしまうかもしれません。

全体で多くとも十五分くらいで終われる量を限度と考えてください。むろん個人差はありますが、かなりゆっくりの人でも二十五分くらいで終わりたいものです。

最初にも述べましたが、フロント・ページ（表表紙）とバック・ページ（裏表紙）もおろそかにしてはいけません。フロント・ページには、挨拶文として調査の目的をわかりやすく述べ、協力をお願いします。また、記入上の諸注意もフロント・ページに書いておきます。デザインも美しいものを考えましょう。そしてバック・ページには、調査協力へのお礼と、回収の方法に関する説明をお忘れなく。バック・ページとは限りませんが、どこかに調査責任者の名前と連絡先は必ず必要です。

1　「痴《ち》」は世界を駆《か》けめぐる

情報というものは、そのスピードと量を級数的に増やし、世界を駆けめぐっています。かつてアメリカの副大統領が高らかに宣言したことがあります。「我々は来たる情報化時代に備え、世界中をネット回線によるハイウェイで結ぶつもりだ。誰《だれ》もが瞬時《しゅんじ》に情報を送り、そして手にすることができる時代になるのだ」と。実際そうなったと感じている人は多いと思います。

フィンランドのある教授が二十世紀の終わり頃《ごろ》、私にこう言いました。「瞬時に情報が駆けめぐっても良いことなんかあると思うかね。そんなにたくさんの情報を処理できるほど、我々はヒマでもないし、賢《かしこ》くもないよ。……だいたい、現状を見る限り、駆けめぐっているのは『知（wisdom）』ではなく、『痴（stupidity）』ばかりではないのかね」と。確かにインターネット使用の多くは、エロサイトや一般《いっぱん》に危険と考えられる物を扱《あつか》うサイト、他人の中傷など、匿名性《とくめいせい》に隠《かく》れた陰湿《いんしつ》なものが中心だと感じます。

まあ、はっきり言っておきましょう。現在、インターネットで発信されている情報のほとんどは、「ゴミ」です。たしかにネット情報のスピードと量はこれまでの常識を超《こ》えています。うまく使いこなせれば、社会の中で有力な武器となる可能性があるでしょう。ただし使いこなすには、その前提となる能力が必要なのです。

その前提となる能力は、(私の分類では) 少なくとも三つあります。まず基礎《きそ》となる「教養」がひとつめ。そして「リサーチ・リテラシー」と私が勝手に呼ぶ、事実や数字を正しく読むための能力。最後にゴミの中から本物を嗅《か》ぎ分《わ》ける能力で、私が「セレンディピティ(serendipity)」と呼ぶ総合的な思考力の三つです。この三つは相互《そうご》に排他的《はいたてき》なものではありません。重なり合い、相互に影響《えいきょう》しあうものと考えてよいでしょう。実はこの三つ以前にもうひとつ、重要な素養が必要なのですが、それは本章最後にふれることにしましょう。

リサーチ・リテラシーとは?

基礎となる教養は、何をするにも必要で、この世の中を生きていく基本であるので、あえて多くは述べません。ただひとつだけ確認《かくにん》しておきたいことは、教養とは、学校で習う、そしてテストに出る知識だけではないということです。世の中すべての出来事、すべての知識は教養であり、その最低限必要な範囲《はんい》は各自が決める問題に過ぎません。よく大学などで見かけますが、専門知識で頭の中を一杯《いっぱい》にし、その他のことは何もできないいわゆる「学者バカ」的人間がいます。逆に学校の成績はそれほどではないが、やたら雑学に長《た》けた人もいるでしょう。まあバランスの問題だと思いますが、学者とて無教養な人になりうるし、成績は悪くても教養人もいるわけです。

「リサーチ・リテラシー」とは早い話が、第一章から前章までのような知識を持ち、数字を利用してウソをつく人々を見分ける能力のことです。赤川学先生の言葉を借りるなら、メディアなどのリサーチに対し「ツッコミを入れる能力」（赤川、二〇〇二）です（同旨《どうし》として、パオロ・マッツァリーノ、二〇〇七）。ネット上などの数字を使ったゴミは、大半がリサーチ・リテラシーを持つことで見分けがつくでしょう。実際に調査を企画《きかく》し、質問票作りやデータ収集を経験した人は、このリサーチ・リテラシーの初歩を持つことになり、明白なゴミはすぐわかるようになるはずです。逆説的ではありますが、自分で数字を操作したり、一定の結論を導き出そうと苦労した人は、他人のウソやごまかしを見破るのがより上手《うま》くなるわけです。これもリサーチ・リテラシーが向上した例と考えてよいでしょう。

研究者およびその予備軍の大学院生にとって、リサーチ・リテラシーは今後、不可欠の素養となるに違《ちが》いありません。単なる抽象的《ちゅうしょうてき》、主観的なアイデアだけで論文を完成できることは例外で、特に研究者の卵といえる大学院生は、データを扱うレベルの論文からスタートすることがほとんどのケースとなります。トピックを決め、仮説を設定し、それをデータで検証するという、いわば実証研究の王道が中心となるのです。その時、リサーチ・リテラシーを持たないと不都合が少なくとも二つ起こるでしょう。

まずひとつめとして、リサーチ・リテラシーを持たないと、データを間違って解釈《かいしゃく》したり、正しい検証をすれば出せるはずの結果を出せない、ということが起こりえます。また、データを集めるにしても、不適切な方法しか知らないことによって、結局ゴミを作り出してしまうかもしれません。実証研究を行う前提として、リサーチ・リテラシーはなくてはならないものなのです。

ふたつめの不都合は、リサーチ・リテラシーを持たないと、「他人のウソを見破ることができない」という点にあります。大学院レベル以上で論文を発表する者は、学会などで自分の結論と矛盾《むじゅん》する発表を耳にするかもしれません。自分の論文とその発表者の論文が相矛盾する内容で、少なくともどちらか一方が間違っているということが明白になったとしましょう。その場合、あなたは相手の論文のどこがおかしいか、どこに欠点があるのかを指摘《してき》し、自分の論を弁護する必要があります。そしてそれができないなら、あなたは間違った論文を発表した側とみなされる可能性が高いのです。このように、相手のウソやゴマカシの可能性を見極《みきわ》めることも、研究者にとって重要な素養なのです。

ひとつ確認しておきたいのは、「リサーチ・リテラシーは、自分の論を保護するために身につけるべきだと主張しているのではない」という点です。間違った論は自説であれ放棄《ほうき》しようとする態度は、リサーチ・リテラシーというより、研究者としての（人間としての）あるべき態度です。その点で、某《ぼう》A新聞やその論客たちの「開き直り」的態度は、単に見苦しいものにすぎないのです。はい。

間違いを認めることは、研究者にとって自説の死を意味します。短期的には恥《はじ》をかくし、プライドを傷つけます。しかしそれができない人間は、そもそも研究者になろうなどと考えるべきでないのです。長期的勝者は、正しいものを正しいと認めることのできる人間だと信じて下さい。

セレンディピティ――本物を嗅ぎ分ける能力

リサーチ・リテラシーはテクニカルに身につくものが大半で、テキストを学ぼうという努力次第で手に入るものと考えられます。しかし、確立した学習プロセス（テキスト）がまだ存在しないのが、次に述べる「セレンディピティ」の世界です。

セレンディピティとは、辞書的説明では「掘《ほ》り出《だ》し物をみつける才能」とあります。この語はよく、豚《ぶた》が地面深く埋《う》まったトリュフを探し出す時などに使用されるため、私は「嗅ぎ分ける能力」と訳していますが、必要なものだけでなく、不要なものを嗅ぎ分ける能力をも意味します。データや情報があふれる世界で今後必要になるであろう能力は、必要なデータや情報、有用なデータや情報を短時間で見極めること、そして不要なもの（ゴミ）は切り捨てる能力です。それがセレンディピティなのです。

セレンディピティ能力を鍛《きた》えるには、とにかく「考えるくせ」をつける必要があります。世の中の情報を鵜《う》呑《の》みにしないこと。エラ～イ評論家やニュース・キャスターが、したり顔で解説することにも常に疑問をもつ。現段階で言えることは、そうした「くせ」がセレンディピティ能力を向上させるということだけです。

考えるくせをつけるには、あえてそうする必要があります。私が実践《じっせん》していることをひとつだけ示しておきます。大事件が起こった時、私はテレビを消し、新聞も読まず、まず考えることにしています。それぞれの立場に自分を置いて、その立場で重要視する要素は何だろうかと。

あの「9・11」と呼ばれる二〇〇一年の同時テロ事件が起こったのは、日本時間では深夜であったため、私がその内容を知ったのは朝起きてテレビをつけたあとでした。ひととおり内容を把握《はあく》したのち、私はテレビを消し、新聞も読まずに考えました。次に何が起こるだろうか。アメリカは、イスラエルは、アラブ諸国は、ヨーロッパの国々は、国連は、どう動くだろうかと。そして日本の首相《しゅしょう》はどうすべきなのか、そしてどうするだろうか。最後に私個人はどうすべきかと。

考えがまとまったあと、もう一度テレビをつけ新聞を読みました。それからの数日は各紙の論調や、識者の意見を読みつづけたのでした。私が考えていなかった視点を示す記事を見つけた時は、自らの不明を反省します。そして将来同じ不明を繰《く》り返《かえ》さないよう心掛《こころが》けるのみです。むろん私から見て未熟でとんでもない意見もいっぱいありますが、そんなものはどうでもよろしい。無視します。より重要なことは、新しい知見を発見し、自分のセレンディピティ能力に磨《みが》きをかけることなのです。私もまだまだ未熟だというのは、そのとおりでしょう。

教養も、リサーチ・リテラシーもない段階では、より上位概念《がいねん》たるセレンディピティは得られないと思います。これらは短時間で修得できるものではありませんし、誰もが努力次第で手に入れられると保証することもできません。しかしこれだけは言い切れます。何の疑問もなく情報を受け入れる。考えもせず単に自分の立場で不満を述べる。そもそも考えようともしないで記事や評論を鵜呑みにする人々には、永遠にセレンディピティは手に入りません。それらの人々は、情報に接しても、本物と偽物《にせもの》の見分けがつかないため、膨大《ぼうだい》な時間を浪費《ろうひ》するか、そもそも何もしようとしない人生を送ることでしょう。残念なことです。

〈コラム〉　受け身だけの人々

考え続けること、それだけがセレンディピティを向上させうると述べました。逆に考えることを放棄し、マスコミやネットからタレ流される情報を受信することだけに時間を費《つい》やし続けると、どうなるのでしょうか。答えは簡単、衆愚《しゅうぐ》政治の社会を生み出すのです。

古代ギリシアで、民主主義政治の基礎を築いたアテネのペリクレスは、衆愚政治の危険性を深く察知していました。何も考えない、その場の雰囲気《ふんいき》に流される大衆に投票権を与《あた》えると、どんなことが起こりうるのでしょうか。人気さえあれば過激な者でも、無能な者でも、当選してしまうのではないか、という恐《おそ》れ。歴史上有名なオストラシズム（陶片追放《とうへんついほう》）という、爆発的《ばくはつてき》な人気を得た者の当選が逆に認められないシステムが採用された背景には、そうした疑問と、恐れと、現状の正しい認識とが存在したのです。

いしいひさいちの漫画《まんが》Ⓙが示すのは、ペリクレスが持ち続けた疑問に他《ほか》なりません。

選挙になると、決まって同じフレーズが登場するものです。「人にやさしい政治」、「ガラス張りでクリーンな……」、「税は上げず、無駄《むだ》な出費カットで財政を再建します」、「高福祉《ふくし》の実現」、「教育をもう一度考え直す必要」云々《うんぬん》。漫画の中の「明るい市政」もよく聞くキーワードのひとつでしょう。

日本の選挙は、基本的にポジティブな（未来に向けた）政策論争ではありません。相手側のマイナス点を指摘《してき》しあう、ネガティブ・キャンペーンが中心です。どうでもいいことをあげつらい、それにマスコミのキャンペーンが同調します。単なるムードによる投票行動にな

みなさん!
明るい市政を実現する会
山本
みなさん!
明るい市政を守る会
みなさん!
明るい市政を推進する会
明るい市政を電気釜する会
バンザーイ
先生勝因は。
さあ目立ったからじゃない?

漫画Ⓙ

ってしまっているのです。暴力やワイセツ行為《こうい》で問題となったタレントですら、有名なら知事選に通ってしまうのです。

ムードであるから、「目立つ」ことが重要ですが、いしいひさいちの表現方法は相変わらず意表をつきます。「先生、勝因は？」というインタビューに対し、「さあ、目立ったからじゃない？」と答える候補者。ここには目立ちさえすれば、政策の内容など二の次の受身だけの大衆への驚《おどろ》きと嘆《なげ》きとが吹《ふ》きすさんでいます。喜び浮《う》かれる当選者たちに対し、コワイ顔のダルマさんが見事な対比を見せています。それにしてもこんな漫画、いったいどうやって考えつくんだろう。

発信されない情報に注意せよ

年に一回、国公私立の大学長七百五十人のうち、招待された三十人ほどが伊豆《いず》の山荘に集まって、二泊《はく》三日でいろいろな問題を忌憚《きたん》なく話し合う会議があります。そこにゲスト・スピーカーとして招かれた情報学に詳《くわ》しいある経済評論家が、現在世の中に存在するすべての情報の九七〜九八％は、インターネットで検索《けんさく》が可能であると述べていました。話の内容に疑問を持った私は、早速《さっそく》尋《たず》ねてみました。「残りの二〜三%の情報の中に、本当に有用で新しいものへのヒントが隠されているのではないですか」と。

考えてもみて下さい。新たに何かを発信する者は、それまで発信されていなかった二〜三%の情報の中から発信したはずです。すべての者が発信されている九七〜九八%の情報だけを頼《たよ》っていると仮定するなら、新しい情報を発信する者は誰もいないはずではないのでしょうか。ちがう?

マニュアルを作る人、マニュアルに従う人

私は大阪《おおさか》商業大学で学長を務めますが、学生生活のスタートを切る入学式でよくする話があります。それは、こんな話です。

世の中には永遠に「マニュアルに従う人々」がいる。ディズニー・ランドに行くにしても、ゲートを入ってどの乗り物に並び、次にどうすべきか、昼はどのレストランのどのパスタがおいしいか、などと細々と書かれたガイド・ブックに頼る。事前に研究するのは正しい良いことだが、ガイド・ブックはあくまで参考にすぎず、ディズニー・ラン

ドをどう楽しむかは、自分で決めなさい。それより重要なこととして、どこかに「マニュアルを作る人」がいる、ということに諸君は気がついているだろうか。将来あなた方は、マニュアルを作る人間になりたいか。それとも永遠にマニュアルに従う人間になりたいのか。

むろんすべての入学生がマニュアルを作る人間をめざしてほしいのです。その前提で、日々自分で考え、自分で決断し、自分で実際にチャレンジすることの重要さを説くのです。マニュアルを作る人間は、インターネットの九七〜九八％の情報だけを頼る人間ではありません。残り二〜三％の情報の重要さを認識する人間のはずです。

2　学問に向いていない人々

学問をするにあたって、研究者である必要はぜんぜんありません。事実を事実として受け止め、真理を求める心構えがあれば、それでよいのです。むろん研究者になりたい人、研究者をめざす人は、こうした心構えが必要条件です。残念ながら世の中には（すでに存在する名目上の学者も含めて）研究者に向いてない人もおりましょう。

非科学的な大前提を持つ人

オウム事件では、かなり偏差値《へんさち》の高い、いわゆるエリート校の大学生が、多数信者であったことが報じられました。ここにおいて、「偏差値の高いエリート」は必ずしも頭の良い（少なくとも世の中の重要なことがわかった）人間を意味するものではないことは明らかで、逆に現在の偏差値中心のツメコミ教育の弊害《へいがい》をさらけ出すものとなりました。

自分の生き方や哲学《てつがく》のために、一定の宗教を信じることは否定するものではありません。敬虔《けいけん》な気持ちで頭を下げ、手を合わせることも良いことだと思います。しかし、超《ちょう》自然、オカルト、非科学的な前提から、すべてスタートするような学びのプロセスは、真理への道からほど遠いものであることだけは、知ってもらいたいと思います。たとえば、旧約聖書に書かれていることがすべて真実であるという前提で世の中を知ろうとしても、あまり有益なものではないということです。

それでも、アブラハムが九百歳《さい》まで生きたとか、ノアの方舟《はこぶね》に世の中すべての動物のつがいが乗っていたとか、この世ができて一万年も経っていない（聖書の歴史の記述を合計するとそうなる）とか、聖書に書かれていることから学問をスタートしようとする者は少なくありません。その人たちは、その前提に世の中の知識や実体を合わせようと苦労するわけです。たとえば、ノアの方舟の中に世の中すべての動物（気温が低いと生きることのできない種や、その逆も多くいる）を二匹《ひき》ずつ入れ、かつ、四十日以上生きるだけのエサを入れ、船内の環《かん》境《きょう》を維持《いじ》するには、船内はこんなふうになっているだろう、などと本気で考えるのです。学問の態度はあくまで科学的であろうとします。そしてオカルトも排除して説明しようとします。それは評価するものの、スタート地点に疑問を持たない限り、スタート地点を否定する勇気を持たない限り、時間を無駄にしているとしか言いようがないのです。

一例を挙げるなら、アメリカで信者の多いプロテスタント系宗教団体、「創造科学」は、聖書に書かれていることと矛盾しているとして、ダーウィンらの進化論を否定します。では化石はどうやってできたのかと問われると、ある日誰かが埋めたのだと答える。そして裁判の場でも屁理屈《へりくつ》をこねて、検証責任を他人に転嫁《てんか》するのです。私に言わせれば、進化論は、生物学のみならず、地質学、遺伝学、昆虫《こんちゅう》学、植物学、気象学、有機化学、地球科学、天文学などによる補強証拠《しょうこ》と矛盾なく一致《いっち》しており、疑いのレベルを超えて充分に一般性のある理論と考えます（「帰納的一致」、もしくは「証拠への収束」と言います）。しかし裁判官および陪審員《ばいしんいん》の中には、創造科学の信者なみの知能の者もいるわけでして、たとえば学校で進化論を教えることを制限したり、禁止したりする判決が下ることも一度ならずあったのです。

ちなみにアメリカ、ギャラップ社の調査によると、成人の四七%が「過去一万年以内に神がいまとそっくりの人類をつくった」と信じているそうです（マイクル・シャーマー、一九九九より）。アーメン。

スポンサーの顔色を見る人々

自分の研究に対し、資金を提供してくれる人がいるとします。そしてその研究において、スポンサーが期待する結果と異なる、どちらかと言えばスポンサーが望まない結果が出たものとしましょう。そんな時、自分の研究結果の発表を躊躇《ちゆうちよ》するような人間は、そもそも研究の道を歩むべきではありません。このようにスポンサーの顔色を見る人々が、学問に向いていない二つめのタイプです。

ある大学病院の教授が、ある製薬会社の新薬の効果を試《ため》す依頼《いらい》を受け、巨額《きよがく》の研究費を毎年もらっているとしましょう。ところが新薬には、何の効果もなく、古い薬のほうがマシだということが判《わか》ってしまいました。こんな時、あたりまえの話ですが、効かない薬は効かないと報告するべきです。なのにデータを隠したり、もっとひどいのになるとデータを捏造《ねつぞう》するケースすらあるのです。効かない薬を飲んで、治るべき病気が治らなかった人に対する犯罪的行為であることをあえて無視したとしても、なおデータの捏造は科学に対する冒瀆《ぼうとく》行為です。

研究は真理の追究を優先するべきで、それができないなら研究者にはなるべきではありません。残念ながら、データの改竄《かいざん》や捏造は、世の中にいくらでも例がありまして、最近でも国立大学や有名私立大での不正行為が報じられていました。

「研究費のスポンサーに対する研究者の関係」と同じことが、「広告主に対するマス・メディア」に関しても言えます。これに関しては項目《こうもく》を変えて説明することにします。

人間関係に埋もれる人

学問に向いていない人の三つめのタイプは、人間関係（取り引き先など、組織と組織の関係も含む）を気にするあまり、正しいと感じていても自分の意見を主張できない人々です。広い意味で、前項の「スポンサーの顔色を見る人々」もこのタイプなのかもしれません。

ひとつエピソードを紹介《しょうかい》しましょう。これは実話で、私自身に起こったことです。

私は『中央公論』という月刊誌に、「今月の危ない数字」というコラムを書いていたことがあります。二〇〇二年二月に連載《れんさい》がスタートし、三回目の原稿《げんこう》を提出したのは三月頃だったと思います。このコラムは、ちょうどこの本のように、世間で不用意に使われている数字やアンケート調査の結果などを批判的に論評するためのもので、原稿用紙六～七枚（二ページ）の分量でした。その三回目の原稿では、読売新聞がよくアンケートで使用する誘導的選《せん》択肢《たくし》「やむをえない」を批判しました（第四章、一三四～一三五頁を参照のこと）。こんな意味不明の選択肢はいけませんよ、と。

すぐ編集担当者Kさんから電話がありました。今回の原稿は親会社を批判する内容なのでボツにして書き直してくれとのことでした。中央公論の経営権は、二〇〇一年度より読売新聞社のものとなっておりまして、その悪口を書くのはマズイと判断したようです。

編集担当者ではラチがあかないので、編集長に代わってもらい、こう申し上げました。「中央公論の親会社が読売なのは知っている。しかし私の知っている中央公論は、たとえどんな立場の人であれ、悪いものは悪いと言う勇気を持っていた。次の号では朝日新聞を批判するつもりだが、まず自分の親会社の非を認めてから他社の非を述べるのが筋だと思う」。そのあと続けてさらに「どうしても書《か》き換《か》えよというなら書き換えるが、連載はやめさせてもらう」と主張しました。

結局、連載が三回で終了《しゅうりょう》してしまったことで、編集長の決断はおわかりいただけると思います。しかし日本社会でこの編集長を嗤《わら》うことは、実は難しいことなのです。特にナベツネという独善的カリスマリーダーがいた読売という組織において、子会社で責任ある立場にある人間の心理的プレッシャーは、かなりのものなのでしょう。このかわいそうな編集長のように、上と下の板ばさみで身動きのとれない中間管理職者は山ほどいます。そして残念な話ですが、それに埋もれる人はそこまでの人生なのだとしか言えません。

実社会で、自分の信ずることを堂々と主張すること。言うは易《やす》いが行うは難しいのは、百も承知であえて言います。人間関係を気にして、正しいと思うことを言えない人は、会社で言えば部長止まりの人間です。部長――命令を実行する側のトップ――で良いならそれも人生、否定はしません。しかしもしアナタが取締役《とりしまりやく》に、そして社長や会長に、つまり真のリーダーになりたいなら、「主張する」人間でなくてはなりません。主張した結果、上司にケムたがられて遠ざけられる可能性もありますが、それを切り開くのはあなたの才覚と、そして運（これぱっかりは、どうしようもありません。残念だけど）なのです。

してみると、日本という国は、学問に向いていない人が大半のような気がしてきました。風水、おみくじ、四柱推命、星座（占《うらな》い）、六曜、血液型、名前の画数などの、罪のない慣習やアソビにすら真剣に悩《なや》む人が多い。ましてやかなり（私から見て明らかに）アヤシゲな宗教家の言動を信じる人も少なくありません。加えて、自分の意見を言いたくても言えない社会システムが、人々の自由度を極限まで制限し、事勿《ことなか》れ主義を貫《つらぬ》く人が大半のようです。

皆さんには、特にこれから社会に出てチャレンジするだろう若い諸君には、自分の頭で考え、決断し、そしてそれを実行できる人間になってもらいたい。「過去の優《すぐ》れたリーダーは、すべてそうした条件を満たしていた」という事実をもって、自らの行動指針を一度考える機会にしてほしいと思います。あなたは部長で満足する人生を送るのか、それとも（ひょっとしたらヒラで終わるかもしれないけど）社長を目指す人生を送るのかと。もしあなたの決断が後者だとしたら、あなたに必要なのは、正しいと思ったことを、皆が反対する中でも主張するほんの少しの勇気なのです。

3 「学ぶ」という楽しみ

楽しさのヒエラルキー

人間の楽しさ（幸福感、快楽）には段階があると考えます。私が「楽しさのヒエラルキー（hierarchy…階層）」と呼ぶもので、これは社会学者アブラハム・マズローが作ったコンセプトを勝手に借りて作り直したものです。通常は下位の楽しみ（物質的満足）から、上位の楽しみ（精神的満足）へと移ります。精神的満足も三段階に分かれ、まず「良い人間関係」に恵《めぐ》まれるという幸せ、そして「高い社会的名声」を得るということ、そしてその上に「自己実現」という、仏教の悟《さと》りにも似た喜びが存在するものと考えます。この自己実現の喜びは、新しいことを学び、そして発見する。さらにそれを世の中に発信し、最終的に世の中の為《ため》になることを指します。つまり「自分が生きる意味を見出す喜び」だと言い換えることができるでしょう。

私は少なくとも「学ぶ」喜びを知っております。ある程度研究もしていますが、真の「自己実現」を知ったかと問われると、残念ながらまだだと思います。いつかは私がこの世に生を受けた真の意味を悟りたいと望んでいます。

データはウソをつく

この本で言いたかったことは、たくさんあります。中でも、世の中に氾濫《はんらん》する怪《あや》しげな数字に対する注意は、何度でもすべきだと思います。専門家が正しく扱ってもデータとは不安定なもので、ましてやヘタに扱うと、数字は妖怪《ようかい》のように化けるものなのです。数字は有力な補強材ではありますが、決して過信しないこと。それだけに頼《たよ》らないこと。そして常に疑うことです。

「事実」を認定するプロセスのうち、世の中であまり説明されていない部分、そして特に若い読者の皆さんに知っておいてほしいことを（アチコチ飛びましたが）説明してきました。まだまだ言いたいことがあるのですが、ひとまずこのへんでやめましょう。頁も残り少なくなったようですし。

おわりに

本書最後の漫画《まんが》Ⓚを見ていただきます。

朝日新聞連載《れんさい》の「ののちゃん」の担任の先生、フジワラ先生はかなり大雑把《おおざっぱ》な性格。それでいてスルドイ視点を持ちます。現実社会において、「科学とは結果オーライ」の世界であることを、大人の視点で指摘《してき》しますが、それに対し子供たちは、科学に対する純真な気持ちから異議を唱えるという内容です。

どの科学者も「結果にはかならず原因がある」ことを信頼《しんらい》してリサーチをスタートするわけです。にもかかわらず、いつのまにか「結果オーライ」の世界という迷宮《めいきゅう》に入り込み、抜《ぬ》け出《で》ることができなくなってしまっている可能性があるのだと、漫画は（言外に）指摘します。もう一度、科学とは何か、事実とは何かを見つめ直す時間が必要なのだと思います。

筆をおくにあたり、もう一度、いしいひさいち氏に感謝を申し上げたいと思います。引用した十一編の4コマ漫画をザッと見るだけで、本書の言いたいことのほとんどがカバーされ

科学とは科学者や研究所のことでも、ビーカーやフラスコのことでもありませんね。『結果にはかならず原因がある。』ということへの信頼です。きょうはテレビで勉強をしましょう。
がらがら
あっまた！
がらがら
このッ
ボカ
科学とは。
『結果オーライ』とも言いますね。
言いませんよ。

漫画Ⓚ

ています。世の中に対するスルドイ視点を、類《たぐい》まれなユーモアと、秀逸《しゅういつ》な絵で包《つつ》み込《こ》む手法は、特筆すべきレベルのものだと考えます。いしいひさいち氏の著作は、私の書架《しょか》に百冊以上あって、世の中を楽しいものにしてくれております。皆さんにはもうバレていると思いますが、私は熱烈《ねつれつ》ないしいひさいちファンでして、いつかは何かの仕事でご一緒できればと、ず〜っと願っていたのでした。

さて、私は今、夢を見ているのでしょうか。

参考文献

赤川学（2004）『子どもが減って何が悪いか！』ちくま新書
池田清彦（1999）『科学とオカルト――際限なき「コントロール願望」のゆくえ』PHP新書
池田清彦（2006）『環境問題のウソ』ちくまプリマー新書
猪口孝（1985）『社会科学入門――知的武装のすすめ』中公新書
今井一（2000）『住民投票』岩波新書
岩井紀子・保田時男（2007）『調査データ分析の基礎――JGSSデータとオンライン集計の活用』有斐閣
ウェーバー、マックス／安藤英治編（1977）『プロテスタンティズムの倫理と資本主義の精神』有斐閣新書
大塚久雄（1966）『社会科学の方法――ヴェーバーとマルクス』岩波新書
菊池聡（1999）『超常現象の心理学――人はなぜオカルトにひかれるのか』平凡社新書
小室直樹（2003）『論理の方法――社会科学のためのモデル』東洋経済新報社
佐藤博樹・石田浩・池田謙一編（2000）『社会調査の公開データ――2次分析への招待』東

京大学出版会
シャーマー、マイクル／岡田靖史訳（1999）『なぜ人はニセ科学を信じるのか――UFO、カルト、心霊、超能力のウソ』早川書房
ソーカル、アラン／ブリクモン、ジャン／田崎晴明、大野克嗣、堀茂樹訳（2000）『「知」の欺瞞――ポストモダン思想における科学の濫用』岩波書店
谷岡一郎（2000）『「社会調査」のウソ――リサーチ・リテラシーのすすめ』文春新書
デュードニー、A・K・／田中利幸訳（1997）『眠れぬ夜のグーゴル』アスキー
徳永恂編（1979）『マックス・ウェーバー――著作と思想』有斐閣新書
ナーゲル、E・／ニューマン、J・R・／林一訳（1999）『ゲーデルは何を証明したか――数学から超数学へ』白揚社
ニュートン、ロジャー・G・／松浦俊輔訳（1999）『科学が正しい理由』青土社
パーク、ロバート・L・／栗木さつき訳（2001）『わたしたちはなぜ科学にだまされるのか』主婦の友社
パオロ・マッツァリーノ（2007）『つっこみ力』ちくま新書
浜井浩一・芹沢一也（2006）『犯罪不安社会――誰もが「不審者」？』光文社新書
日垣隆（1999）『「買ってはいけない」は嘘である』文藝春秋
ロンボルグ、ビョルン／山形浩生訳（2003）『環境危機をあおってはいけない――地球環境の

ホントの実態』文藝春秋
平松貞実（1998）『世論調査で社会が読めるか——事例による社会調査入門』新曜社
ブードン、レイモン／宮島喬訳（1970）『社会学の方法』白水社（文庫クセジュ）
ベスト、ジョエル／林大訳（2002）『統計はこうしてウソをつく——だまされないための統計学入門』白揚社
ポパー、カール・R・／田島裕訳（1998）『確定性の世界』信山社
渡辺正・林俊郎（2002）『ダイオキシン——神話の終焉』日本評論社

ちくまプリマー新書

ちくまプリマー新書

030 娘に語るお父さんの歴史　重松清
「お父さんって子どもの頃どうだったの?」娘・セイコの素朴な疑問に、生きてきた時代を確かめる旅に出た父・カズアキ。「未来」と「幸せ」について考える物語。

035 俳優になりたいあなたへ　鴻上尚史
女優・男優を夢見る若者に、できる限り具体的でわかりやすい方法論をしめす一方、俳優で生活していくことの現実も伝える。合理的で、やさしさにあふれた手引書。

038 おはようからおやすみまでの科学　佐倉統　古田ゆかり
毎日の「便利」な生活は科学技術があってこそ。料理も洗濯も、ゲームも電話も、視点を変えると楽しい発見がたくさん。幸せに暮らすための科学との付き合い方とは?

041 日本の歴史を作った森　立松和平
法隆寺や伊勢神宮などの日本の木造文化は、豊かな森により支えられてきた。木曽ヒノキが辿った歴史を振り返りながら三百年後の森を守ることの意味を問いかける。

042 自分のためのエコロジー　甲斐徹郎
「自分が気持ちよく暮らしたい」。そんなエゴを追及するうちに、家も街も住みやすくなり、ヒートアイランド現象だって解決。まずあなたの部屋からはじめよう!

ちくまプリマー新書

043 「ゆっくり」でいいんだよ　辻信一

知ってる？　ナマケモノが笑顔のワケ。食べ物を本当においしく食べる方法。デコボコ地面が子どもを元気にするヒミツ。「楽しい」のヒント満載のスローライフ入門。

044 おいしさを科学する　伏木亨

料理の基本にはダシがある。私たちがその味わいを欲してやまないのはなぜか？　その理由を生理的、文化的知見から分析することで、おいしさそのものの秘密に迫る。

045 夢みるクラシック　交響曲入門　吉松隆

切ない恋の思い出。壮大な大自然の絵巻。そして扉を叩く運命の音。交響曲の世界はドラマに満ち溢れている。初心者もたちまちとりこにするクラシック入門決定版！

046 和算を楽しむ　佐藤健一

明治のはじめまで、西洋よりも高度な日本独自の数学があった。殿様から庶民まで、誰もが日常で使い、遊戯として楽しんだ和算。その魅力と歴史を紹介。

047 おしえて！　ニュースの疑問点　池上彰

ニュースに思う「なぜ？」「どうして？」に答える。今起きていることにどんな意味があるかを知り、自分で考えることが大事。大人も子供もナットク！の基礎講座。

ちくまプリマー新書

053 物語の役割 小川洋子

私たちは日々受け入れられない現実を、自分の心の形に合うように転換している。誰もが作り出し、必要としている物語を、言葉で表現していくことの喜びを伝える。

054 われわれはどこへ行くのか? 松井孝典

われわれとは何か? 文明とは、環境とは? 生命とは? 世界の始まりから人類の運命まで、これ一冊でわかる! 壮大なスケールの、地球学的人間論。

055 ニッポンの心意気 ――現代仕事カタログ 吉岡忍

サラリーマンかフリーターか――現代ニッポンの職業観に、異議あり! この国は、実にバラエティに富んだ仕事人で溢れている。働く意欲が湧いてくる一冊。

056 詩に誘《さそ》われて 柴田翔

詩の林に足を踏み入れてみよう。その中をさまよい歩いていると、自分が知らなかった、世界の様々な在りよう、その果てしない広がりを感じることができるだろう。

057 クリエイター・スピリットとは何か? 杉山知之

日本のデジタルコンテンツは世界が認める文化。環境も需要も、本場だからこそ揃っている。何かを表現したい君、迷わずクリエイターをめざせ! 元気になる入門書。

chikuma primer shinsho

ちくまプリマー新書 059

データはウソをつく——科学的《かがくてき》な社会調査《しゃかいちょうさ》の方法《ほうほう》

二〇〇七年五月十日　初版第一刷発行
二〇二三年四月十日　初版第十四刷発行

著者　谷岡一郎（たにおか・いちろう）

装幀　クラフト・エヴィング商會

発行者　喜入冬子

発行所　株式会社筑摩書房
東京都台東区蔵前二－五－三　〒一一一－八七五五
電話番号　〇三－五六八七－二六〇一（代表）

印刷・製本　株式会社精興社

ISBN978-4-480-68759-3 C0236　Printed in Japan